날 마 다
하 나 씩
버 리 기

날마다 하나씩 버리기

아무것도 못 버리는 여자의
365일 1일1폐 프로젝트

선현경 글·그림

prologue

지난해 사월, 한 친구가 너희 집 식구들이 꼭 봐야 한다면서 다큐멘터리 한 편을 추천했다. 그 다큐멘터리는 「죽어도 못 버리는 사람들, 호더」였다. 나는 세렝게티 동물 다큐멘터리를 보는 마음으로 별생각 없이 편안하게 시청했다. 처음에는 그랬다.

이 다큐멘터리에 나오는 사람들은 바깥에서 신문, 폐지, 플라스틱, 고철, 빈 병, 나무, 광고 전단지 등 남이 쓰레기라고 부르는 것들을 집 안으로 들인다. 그리고 쌓아두기만 할 뿐 절대로 버리지 않는다. 쓰레기 더미 같은 잡동사니 속에서 그들은 편안함을 느끼고 위로를 받는다. 그들만의 왕국이다. 이렇게 물건에 집착하고 수집해서 저장하는 행위를 호딩hoarding, 그런 사람을 호더hoarder라고 부른다. 모두 저장강박compulsive hoarding이라는 정신장애에서 비롯된다고 한다. 소유에 점령당한 사람들, 그들은 어쩌다가 이렇게까지 됐을까? 그들도 처음부터 저장에 강박 증세를 보인 것은 아니었다. 어디에선가 자신이 받은 상처와 고통을 달래기 위해, 아니면 숨기기 위해 어마어마한 물건들을 방패로 삼은 것이었다.

'저렇게도 살 수 있구나' 하면서 처음 들여다보는 남의 사진첩 구경하듯이 다큐멘터리를 시청하고 나서 주위를 둘러봤는데 우리 집도 만만치 않다. 그동안 늘어난 살림살이, 책, 장난감, 옷…… 그래도 예전에는 잦은 이사 덕분에 어쩔 수 없이 버려지는 짐들이 있었다. 그러나 육 년 전에 연희동으로 이사한 뒤부터는 그렇게 버리는 것마저 없어지고 말았다.

생각해 보니 지금 살고 있는 집으로 이사 온 뒤 양말 한 짝, 팬티 한 장 버린 기억이 없다. 요새는 무슨 물건들이 다 이리 튼튼한지 낡지도, 터지지도, 구멍 나지도 않는다. 가끔 가전제품이 말썽을 빚어 고치거나 다시 장만할 뿐이다. 집이 터질 것 같다. 벽마다 모조리 책과 장난감으로 채워져 있고 옷장, 이불장, 서랍장 등 가릴 것 없이 온갖 물건들로 꽉꽉 들어차 문도 제대로 닫히지 않는다. 심지어 아직 제자리를 찾지 못한 옷과 책과 잡동사니들이 바닥에 굴러다닌다.

그런데도 뭐 하나 버릴 게 없다. 이것도 저것도 없어지면 아쉬울 것 같다. 지금 안 쓰는 물건들은 버리기에 죄다 너무 멀쩡하다. 게다가 각각의 물건마다 우리와 얽힌 이야기들이 떠오른다. 대체 무엇을 버려야 할까? 나도 호더인 걸까?

이대로는 안 된다. 일단 옷장을 열어서 양말을 넣어놓는 통을 거꾸로 뒤집었다. 자주 신는 양말과 신지 않는 양말을 분류하니 좀처럼 신지 않는 양말이 수두룩하다. 진작 버려야겠다고 생각하고 있었지만, 그래도 역시 버리기에는 멀쩡한 편이라 여태 미뤘다. 그래, 양말 하나라면 버릴 수 있을 것 같다. 딱 하루만 더 신고 미련 없이 버리자. 양말부터 시작해 딱 일 년만 하루에 하나씩 버리면서 최대한 들이지 않는 생활을 해보자. 그래도 멀쩡한 물건이라면 과감하게 버리기는 머뭇거려진다. 그렇다면 내 손에서 떠나보낼 물건에 대해 날마다 그리고 쓰고 버리자. 그게 그 물건을 버려도 되는 이유가 되어줄 것이다. 2013년 4월 22일 밤 11시, 문득 그렇게 양말 하나를 시작으로 날마다 하나씩 그리고 쓰고 버리는 1일日1폐廢 프로젝트를 시작한다.

contents

프롤로그 004

4. 22 - 4. 30
결심 너무 많다고 느껴질 때 ___012

5. 1 - 5. 31
망설임 추억까지 사라질까 봐 ___022

6. 1 - 6. 30
불안 버리고 싶은 마음속 깊이 도사린 소유욕 ___050

7. 1 - 7. 31
정리 내 마음의 서랍까지 샅샅이 뒤질 것 ___074

8. 1 - 8. 31
취향의 변화 더 이상 설레지 않는다면 ___100

9. 1 - 9. 30
나눔 세상에서 가장 아름다운 낭비 ___130

10. 1 - 10. 31
즐거움 물욕에 지배당하지 않는 쾌감 ___160

11. 1 - 11. 30
소비 철학 지갑이 마구 열리는 가격은 다시 생각할 것 ___192

12. 1 - 12. 31
노력 버릴 것과 버리지 말아야 할 것 사이에서 ___220

1. 1 - 1. 31
잘못된 생각과 불필요한 감정 버리고 싶은 마음의 불편한 자리 ___250

2. 1 - 2. 28
꿈 버릴 게 없는 삶을 꿈꾸다 ___280

3. 1 - 3. 31
자유 버리고, 가볍게 ___306

4. 1 - 4. 22
깨달음 삶은 결코 버려서는 안 되는 것들로 채워야 한다 ___334

에필로그 351
갈팡질팡 망설이다 결국 못 버린 물건들 354

4.22 - 4.30

결심
너무 많다고 느껴질 때

늘 결심을 하는 편이다. 이달에는 술을 마시지 말아야지! 담배를 끊어야겠어! 운동을 매일 하자! 멋진 동화책을 만들고 말 테야! 이런 나에게 친구는 말한다. 이제 그만 좀 결심하고, 제발 있는 그대로의 너를 받아들여. 지키지도 못할 약속으로 왜 그리 네 자신을 괴롭히는 거야? 맞다, 결심이 무너질 때마다 괴롭다. 내 자신에게 실망하게 되고 무기력해지는 것도 사실이다. 하지만 결심이라는 게 그렇다. 일단 결심을 할 때는 꼭 지키고 싶고 또 지킬 수 있을 것만 같다. 지키지 못할 거라고 전제하고 결심하는 것이 아니다. 끊임없이 결심할 수 있는 건 어쩌면 결심한 일에 매번 실패하기 때문인지도 모르겠다.

며칠이나 지속되는지가 관건이긴 하지만, 나는 뭐든 결심하는 것은 언제나 옳다고 생각한다. 그것이 남을 해치거나 남에게 피해를 주는 일만 아니라면 말이다. 그래서 나는 또 결심했다. 이번에는, 좀 버리자! 내가 가진 게 너무 많다고 느껴질 때, 그것들이 나를 빼곡하게 둘러싸서 갑갑하게 느껴질 때, 내가 당장 쓰지도, 그렇다고 앞으로 쓸 일도 없어 보이는 물건들이 자꾸 눈에 띌 때 지금 바로 낡은 양말이든 뭐든 하나 버려야 한다. 아무것도 못 버리는 사람일지라도 하나를 버릴 줄 알면 다른 것들까지 버릴 수 있을 테니까.

4. 22

언젠가 월간 《 좋은 생각 》에 글을 써주고 선물로 받은 까만 양말

지난해 겨울 합천 남자와 결혼해 합천으로 아주 살러 간 친구 정윤이 놀러 왔다. 작년까지만 해도 연희동에서 살던 친구였는데 이제 합천 여인이 됐다고 연희동이 그리운 동시에 시끄럽다고 한다. 서울은 정말 소음의 도시였구나. 까만 양말을 신고 오래간만에 만난 친구와 맥주를 마시며 이런저런 신혼 생활 이야기를 들었다. 행복한 얼굴. 친구 덕분일까, 까만 양말을 벗어 쓰레기통에 던져 넣는데 약간 섭섭해진다. 어쩌면 친구와 함께 마신 맥주 효과 때문에 양말까지 로맨틱해 보였나. 안녕~ 까만 양말! 이렇게 작은 양말 하나와 애틋하게 이별하는 동안 우리 집에 사는 내 동거인께서 주문한 물건이 다섯 개나 도착했다. 이게 뭐냐!

4.23

황인숙 쌤이 고양이 물건들과 함께 선물한 표범 무늬 양말

비가 부슬거리는 아침. 요가를 하러 가려고 준비하면서 버릴 양말을 신고, 버리고 싶은 팬티를 입었더니 기분이 몹시 안 좋다. 왠지 내 몸이 쓰레기가 된 기분이다. 하루에 두 가지나 버릴 것들을 착용하지는 말아야지! 그나저나 이 양말은 신어보니 예쁘다! 그동안 왜 신지 않았을까? 이 양말을 신고 하루를 보내자니 발이 껄끄럽다. 예쁘지만 성격 나쁜 아가씨 같은 양말! 막상 저녁이 되어 양말에 팬티까지 두 개나 벗어 버릴 생각을 하니 오늘 쓰레기 같았던 내 기분도 한 방에 날아간다. 아듀!

4. 24

코스트코에서 다섯 개 묶음으로 산 목 짧은 양말

좀 걷다 보면 양말이 반쯤 벗겨져 있다.
허우대는 멀쩡한데 나사 빠진 청년처럼 헐렁하다.

4. 25

캐나다에서 놀러 온 사촌이 한 번도 안 신었다며 딸에게 건네고, 딸이 긴 양말은 안 신는다며 다시 내게 넘긴 회색 줄무늬 검정 긴 양말

새 양말이라 버리기 미안하지만 스컹크 같아서 도저히 안 되겠다.
스컹크 양말, 너는 내 다리를 너무 뚱뚱한 다리로 만들어버리는구나!

4. 26

누구에게 받았는지 도무지 기억나지 않는 분홍 도트 덧신

올봄 처음으로 남편과 함께 궁동산 산책로를 걸으며 벚꽃 구경을 할 때 신고 나갔다. 남편, 덧신을 보자마자 "야~ 그건 진짜 버려야겠다!"

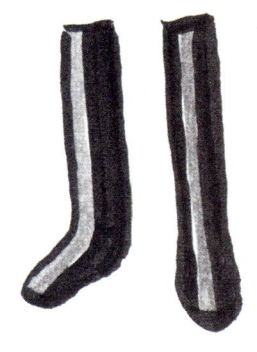
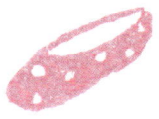

4. 27

'좋은 생각' 로고가 선명한 핑크 줄무늬 회색 양말

양말 이별 일기를 쓴다고 친구에게 말했더니 이런 문자가 날아왔다. "오늘은 무슨 양말 신었어?" 어쩐지 야릇한 양말 페티시 분위기가 폴폴 난다. 이 양말은 로고가 찍혀서 잘 신지 않았다. 어릴 적부터 회사 로고가 찍힌 물건들이 싫었다. 특히 수건에 찍혀 있던 *** 향우회, ×× 은행, ○○ 동창회 로고들. 산 물건이 아니라 줘서 가져왔다는 가난함의 증표 같아서. 공짜라고 큰소리로 대놓고 떠드는 게 창피했다. (공짜 같지 않은 공짜는 좋은데~) 집에 아무 로고도 찍히지 않은 수건이 걸려 있으면 왠지 부자가 된 것만 같았다.

4.28

페리에 병 세 개, 마르티넬리 사과 주스 병 세 개, 앱솔루트 보드카 병 세 개, 조니워커 블루라벨 병 두 개

모양 예쁜 유리병을 깨끗하게 닦으면 왜 이리 기분이 좋아질까? 그래서 식기장 중 제일 넓은 칸 하나가 빈 병들로 꽉 찼다. 더 이상 수납할 공간도 없는데 그나마 남은 구석 여기저기 계속 쌓아두기만 한다. 마당 청소를 하다가 수경 재배에 쓴답시고 모아둔 병들 중 너무 겹친다 싶은 것들만 골라 열한 개나 버렸다. 버리면서도 머릿속에 가득한 생각은 단 하나, '버리지 말까?' 빈 병을 깨끗이 닦아 꽃이나 나뭇가지를 꽂아놓으면 얼마나 예쁜지 모른다. 땅에서 물로 옮겨 왔는데도 잘 자라는 식물들을 보면 기특하기 그지없다. 하지만 빈 병들을 계속 모아둘 수만은 없다. 어디선가 또 예쁜 병들은 자꾸만 생기니까. 오늘은 맨발로 청소해서 버릴 양말이 없다. 대신 반짝이는 유리병들아, 안녕!

4.29

코스트코 묶음 양말 중 한 켤레

요즘 '소비'에 대한 다큐멘터리들이 많아졌다. "호더 Hoarder", "물건을 소비한다는 것", "지구 이대로 좋은가?" 등등. 이제 더 이상 물건을 물려 쓰거나 돌려쓰지 않아도 되는 세상이 도래하니 지구가 아프기 시작한다. 세상이 쓰레기로 넘쳐난다. 그래서 늘 버리는 게 미안하다. 평소 시간이 부족한 남편은 주로 인터넷 쇼핑을 한다. 그것들은 꽁꽁 잘도 포장되어 집으로 배달된다. 다 좋다. 문제는 물건보다 포장의 부피가 더 크다는 것이다. 튼튼한 택배 상자에 너무 깨끗한 뽁뽁이 비닐도 버릴 수가 없다. 이제 더 이상 뽁뽁이 비닐이나 상자는 안 모아도 괜찮을 만큼 많은데도 도무지 버리지 못하겠다. 이래서야 하루에 하나를 힘겹게 버려도 티가 안 난다. '밑 빠진 독에 물 붓기' 같다. 그래도 버려야겠지. 하루에 하나씩 천천히. 오늘은 보라 양말과 함께 미네스트로네 수프를 만들고 겨울에 들인 집 안의 화분들을 마당으로 내놨다. 아, 봄이 왔다.

4.30

귀염둥이 양말

사월 초에 바질을 심었다. 해마다 늘 심던 땅에 심었는데 무슨 문제인지 올해는 바질이 다 죽고 말았다. 땅 때문인가, 봄에 땅을 갈아놓으면서 그쪽에 유난히 비료가 듬뿍 뿌려지긴 했다. 뭐, 비료니까 별문제 없겠다 싶어서 그냥 넘겼는데 아니었나 보다. 아무리 좋은 것이라도 과하면 독이 된다! 언젠가 이대 앞에서 산 귀여운 양말을 신고 마당을 청소하면서 바질이 죽은 자리에 새로운 허브들을 심었다. 요번에는 잘 살아주길.

5x1 - 5x31

망설임
추억까지 사라질까 봐

내 물건들에는 제각각 사연이 있고 이유가 있다. 그래서 여러 번 이사하면서도 여태 버리지 못한 채 차곡차곡 모아두었다. '뭐가 아쉬워 이리 다 끌어안고 살았을까?' 싶다가도 물건들을 하나씩 들여다보면 그것들이 왜 거기에 있는지가 새록새록 떠오른다. 어느 날, 내가 날마다 하나씩 버리겠다고 결심한다고 해서 그 사연과 이유가 원래 없었던 것처럼 몽땅 사라지는 것도 아닌데, 나와 함께 버텨온 물건들을 마음의 저울에 달아 버릴 것과 버리지 않을 것으로 골라낼 수 있을까? 그냥 버리기에는 자꾸 망설여진다. 버리면 모든 게 사라질까 봐. 물건을 버려도 그 물건에 깃든 추억은 조금이라도 붙잡고 싶어서 글과 그림으로 기록한다. 이 작업은 망설임으로 머뭇거리는 나를 도와주는 일이기도 한다.

예전에 보험 아저씨에게 들었던 말이 생각난다. 새 보험으로 갈아타야 하는데 내가 좀처럼 결정을 못 내린 적이 있었다. 그때 보험 아저씨가 이렇게 한마디 했다. "보험입니다. 정 주지 마세요." 나는 그런 사람이다. 일단 무엇에든 한 번 정이 가면 쉽게 끊어지지가 않는다. 그런데 그게 정일까, 미련일까? 사람과의 사이만으로도 벅찬데 작고 사소한 것들에도 마음 쓰며 살아가자니 이 고생이다. 하지만 무엇이든 버려서 그것과 연관된 기억까지 잊힌다면 추억이 아니다. 추억이라고 착각했을 뿐이다. 추억이라면 그렇게 쉽게 사라지지 않을 테니까. 추억은 가만히 있어도 스멀스멀 밀려드는 공기와 냄새만으로 되살아난다. 바람 한 점, 풍경 한 조각에도 아무 예고 없이 문득 젖어드는 것이 추억이다. 그러니 버려도 괜찮다.

5.1

코스트코 묶음 양말 중 한 켤레

딸이 다니는 학교에서 시험감독을 하면서, 내 친구인 고민상담가 연희동 한선생이 고정 게스트로 출연한다기에 팟캐스트 〈황상민의 대국민 상담소〉를 들었다. 문득, 다들 스스로 답을 알고 있는 문제로 고민하는 것은 아닐까 하는 생각이 들었다. 그 답대로 하기 싫거나 할 수 없기 때문에 고민이 깊어지는 것이다. 누군가에게 고민을 털어놓는 건 자신이 원하는 답을 듣기 위해서가 아닐지. 딸의 시험이 끝난 후에는 같이 〈아이언맨〉을 보러 갔다. 역시 이런 영화는 아무 생각 없이 나를 즐겁게 해줘서 좋다. 고민에 대한 단상도 영화를 보는 사이 사라졌다.

5.2

발바닥만 분홍 줄무늬 양말

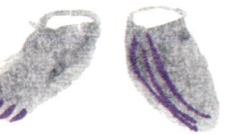

같은 또래 아이를 둔 고등학교 친구들을 만났다. 아이 엄마들을 만나니 온통 아이들 이야기뿐이다. 이런 이야기를 할 때마다 아이를 어떻게 키우는 게 옳은지 잘 모르겠다. 아이가 스스로 잘할 수 있도록 자립심을 키워줘야 한다고 말은 하면서도 끊임없이 도와주는 엄마들. 아이가 스스로 뭔가를 하려면 좀 내버려둬야 하는 것 아닐까? 혼자 생각하고, 혼자 느끼고, 혼자 결정하는 게 "스스로" 아닌가? 믿고 내버려두고 지켜보는 것이 딸에게 최선이라고 생각하는 내가 너무 이기적인가? 친구들과 이야기하다 보면 우리 서로 이상은 같은데 그 과정은 천차만별이다. 어렵다, 자식 농사. 스스로 살아가는 어른으로 키워낸다는 건 어려운 일이구나. 이럴 때마다 절로 인사가…… "엄마, 고맙습니다!"

5.3

하얀 무지 양말

어떤 경로로 우리 집에 들어왔는지 모를 양말을 신고서, 낮에는 출판사 그림책 전시회('일과 사람들' 시리즈)가 열리는 광화문 갤러리를 어찌어찌 찾아가고(핸드폰을 집에 두고 나가는 바람에 머리가 하얘져 어쩔 줄 몰라 했는데 친절한 택시 기사 아저씨의 스마트폰으로 단번에 해결! 최첨단 도시의 스마트한 생활이라고 해야 할까?), 밤에는 연희동 친구들과의 술자리까지 가졌다. 친구를 만나러 간다는 건 즐거운 일이다. 일 때문에 먼저 만난 작가들과 조금 소통되지 않아도 굳이 내 의견을 관철하려고 싸울 필요가 없다. 이따가 내 친구들을 만나 이야기하면 된다. 소통이 될 곳이 한 군데라도 존재한다는 건 참 편안하고 행복한 일이다.

5.4

마당에 뭔가 잔뜩 들이기만 했다

온종일 맨발이어서 양말도 못 버렸는데 엄마가 라일락, 보라색 제비꽃, 파 모종을 가져왔다. 매일 하나씩 버린다는 것, 벌써 어렵다! 양말이 아닌 다른 물건을 버리려면 집 안을 정리하면서 찾아 헤매야 하니, 오늘은 패스~. 대신 엄마랑 마당에 꽃을 심고 있으니, 어릴 적 엄마가 열심히 가꾸던 아파트 앞 작은 화단이 생각난다. 평범한 나무만 있는 화단이었는데, 색색의 예쁜 꽃들이 우리 집 앞에만 자랐다. 그때 엄마는 꽃집 아줌마로, 나는 꽃집 딸내미로 불렸다.

5.5

남편이 벗겨져서 불편하다며 안 신는 목 짧은 회색 양말

어버이날을 오늘로 당겨서 부모님들과 식사하고 돌아오는 길에 토마토, 고추, 상추, 로메인, 깻잎, 부추, 겨자, 당귀 모종을 샀다. '아, 내가 왜 이 고생을 사서 하나' 생각하면서. 지난해 처음으로 내가 농사
지은 토마토를 수확해 먹었다. 처음에는 기분이 묘했다. 뭔가를 키워서 잡아먹는 기분이랄까? 작은 토마토가 자라는 과정을 날마다 지켜보고도 따 먹는 행위가 잔인하게 느껴졌다. 하지만 그건 첫 수확 때의 기분일 뿐! 이후 주렁주렁 열린 작물들을 마구 따내고, 가을에 토마토를 걷어내려고 초록 토마토를 따서 장아찌를 담글 때는 너무나 신나서 동네방네 자랑했다. 게다가 내가 담근 장아찌를 친구들에게 나눠주면서는 뿌듯하기까지 했다. 내 땅에서 내가 온전히 길러낸 것들로 만든 완제품을 건넨다. 소중한 물건을 건네는 기분마저 들었다. 정직하고 바른 기쁨. 이래서 농부가 되는 친구들이 있구나.

5.6

딸이 어릴 적에 신었던 하얀색 긴 양말

책들이 바닥 여기저기에 널브러져 있는 꼴을 보다가 책장을 사서 정리하기로 결심했다! 일단 저 책들을 좀 꽂아봐야 버릴 책들도 골라낼 수 있지 않겠는가. 책장은 버리기 위해 집에 들어오는 물건이니 흰 양말 너라도 내 집에서 나가줘야겠다.

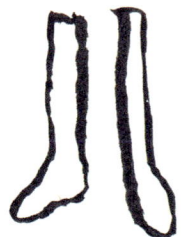

5.7

양말도, 아무것도 못 버린 날

어제 늦도록 작업하다가 아침 일찍 요가까지 하고 왔더니 하루 종일 잠에 취해 아무것도 못 했다. 어젯밤 라디오 〈정엽의 푸른 밤〉에서 들은 임경선 씨의 연애 상담 한마디만 귓가에 맴돈다. "세상에 나쁜 남자란 없어요. 나를 사랑하지 않는 남자가 있는 거죠." 그렇군. 주위에 나쁜 사람은 없다. 나를 배려하지 않는 사람이 있는 거지!

5.8

뉴스위크지, 리플릿, 브로셔… 그리고 책과 상자들

내일 책장이 들어온다. 그런데 책은 역시 별로 버릴 게 없다. 고작해야 옛 잡지 몇 권뿐. 필요 없어진 책들을 몇 번 처분할 때마다 느낀 건 '억울하다!'는 것이다. 얼마나 비싸게 구입한 책이든 팔 때는 하나같이 '똥값'이다. 게다가 과감하게 처분하고 나면 꼭 밀려드는 '아, 그때 그 책은 팔지 말걸!' 하는 후회까지. 그래서 제발 최소한의 책만 구입하자는데도 남편은 오늘도 책을 사고 있구나. 어쩌면 나는 남편이 책을 사는 걸 절대 멈추지 않을 거라고 믿기에 마음껏 잔소리를 하는지도 모르겠다. "책 좀 제발 그만 사라고!!!"

5.9

버린 것도 없는데 심지어 생기기까지

맨발로 요가를 해서 양말 한 짝도 못 버렸는데, 요가 선생님의 깜짝 선물까지 받았다. 하늘색 티셔츠! 아, 하나씩 비워내는 삶을 살기가 정말 어렵구나. 내일부터는 본격적으로 청소해서라도 양말 말고 다른 걸 찾아내야지. 대체 다른 사람들은 살면서 이렇게 저렇게 쌓이는 물건들을 어떻게 처리할까? 사람에게는 왜 이리 많은 물건들이 필요할까? 멀쩡한 물건들을 버리는 일은 미안하고 안타깝고 죄스럽다. 그래서 책상 아래나 지하실 구석 같은 데에 먼지를 덮어쓴 채 쌓이기만 하나 보다. 버릴 건 버리고 나눌 건 나누자, 제발.

5.10

딸과 함께 신었던 흰 양말

날마다 하나씩 버리기로 결심한 지 얼마나 됐다고 요즘 못 버리는 날이 많아져, 양말을 신을 때마다 기쁘기까지 하다. 오늘은 비가 와서 장화를 신으려면 꼭 양말을 신어야 했다. 한때 좋아했지만 이제 목이 늘어난 양말을 신고, 동네 친구들과 탭댄스 선생님을 만나 오늘부터 탭댄스를 배우기로 결심했다. 제대로 된 탭댄스 스텝 밟기, 죽기 전에 꼭 한 번 해보고 싶었던 일이다. 좀 떨리지만 나이 더 들기 전에, 마음 더 약해지기 전에 탭댄스를 배워야지. 마지막까지 고맙다, 흰 양말! 네 덕분에 용기가 났다! 그러고 보니 조만간 물건 하나가 또 늘겠군. 탭댄스 슈즈.

5. 11

추리닝 바지를 사고 사은품으로 받은, 로고가 찍힌 양말

'일과 사람들' 시리즈 중 한 권인 그림책 『내가 만든 옷 어때?』를 통해 아이들과 만나는 기회를 가졌다. 아이들과 함께하는 일은 재미있다. 아이들의 막 내뱉는 듯한 말투도 좋고, 아이들의 꾸밈없는 그림도 좋다. 하지만 부모님들이 함께라면 조금 힘들어진다. 부모님은 관심이라고 하지만 아이에게 너무 많이 간섭하기 때문이다. 아이에게 마구 지시하고 참견한 뒤에 "자, 그럼 혼자 해!"라니. 나도 도와준다는 명목하에 딸이 혼자 할 일들을 거리낌 없이 방해했을까?

5.12

지난해 가을에 담근 마늘쫑 장아찌와 늦가을에 담근 토마토 피클

냉장고 한 켠에서 커다랗게 자리를 차지한 마늘쫑 장아찌와 토마토 피클 두 통. 못 먹을 음식은 아니지만 아무도 안 먹고 나만 먹는다. 지난해 몇몇 친구들에게 나눠주고 일부러 남겼는데 우리 집 식구들은 별로 좋아하지 않는다. 특히 토마토 피클은 지난해 늦가을 우리 집 마당에 주렁주렁 열린 푸른 토마토를 못다 먹고 버리기가 아까워 담갔는데, 나 말고는 너무나 시큰둥하니 어쩔 수 없다. 내가 과했다. 먹는 것을 버리자니 죄를 짓는 기분이다. 죄송합니다, 토마토와 마늘쫑.

5.13 - 5.15

목 늘어난 흰 양말과 친구가 태국에서 사다 준 팬티
역시 목 늘어난 옆줄무늬 양말
또 목 늘어난 흰 양말

한 번 신고 이별할 양말들을 챙겨 들고, 2박3일 일정으로 연희동 친구들과 함께 합천 친구들을 만나러 봄나들이 겸 왔다. 대체 얼마 만일까, 가족이 아닌 친구와 함께 여행한다는 것.

합천으로 오니 공기도, 논도, 나무도, 밤하늘도 다 좋지만 친구들이 더 좋구나. 마흔이 넘어 귀농하더니 결혼하고 임신까지 한 친구 경희는 너무나 부드러워졌고, 경희의 소개로 역시 합천 총각을 만나 결혼한 도자 작가 정윤도 어제 막 임신한 걸 알았다면서 애교가 철철 넘친다.

합천의 저녁은 까맣고 고요하지만 아침은 따가운 햇살이 나를 뒤흔들어 깨우듯이 내려쬐어 잠자리에서 절로 일어나진다. 밤은 별 한가득, 아침은 햇살 한가득.

모두 함께 취 로드road에서 취를 뜯고, 1200년 된 이팝나무 아래에서 아련한 향기를 맡고, 해발 1200m 황매산에서 철쭉을 보았다. 나도 꽃놀이를 하는 나이가 된 걸까? 감흥조차 없던 산이 아름답게 느껴지고, 꽃이 꽃처럼 느껴지더니, 감정도 꽃이 되어버린다. 그리고 영경 언니가 연주하는 우쿨렐레의 소박하고 아름다운 소리가 어울리는 두 번째 밤이여, 안녕!

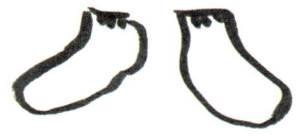

5. 16

태국산 코끼리 무늬 랩스커트

날마다 하나씩 버리는 1일1폐 프로젝트에 대해 이야기하니 영경 언니가 개중에는 혹시 긴 치마도 있냐고 물어본다. 물론, 찾아보니 있다. 누군가에게 필요한 물건이 나에게 필요하지 않은 채로 있어서 다행이다. 태국에서 딱 한 번 입고 난 후 아까워서 버리지도 못하고 서랍에 고이 넣어두기만 했는데, 주인이 따로 있었구나! 그런데 짧은 여행에도 여독이 있는 걸까? 허리를 삐끗해 한의원에 가서 사혈을 뽑고 부항까지 떴는데도 별 차도가 없다.

5.17

에밀리 더 스트레인지 새 양말 세 켤레

딸이 한때 사랑했고 나까지 덩달아 좋아져 마구 사들였던 브랜드 양말. 이젠 도저히 신을 수 없을 만큼 요란하다. 그 시절에 산 옷들은 그래도 딸이 입어줬지만 가방이나 지갑, 양말 같은 것들은 지난해 벼룩시장에 꽤 기증하고도 여태 새것으로 남아 있다. 역시 영경 언니에게로! 언니라면 이렇게 요란한 색깔에 리본까지 달린 양말도 쉽게 소화할 수 있으리라 믿는다.

5._x 18

카메라 티셔츠와 후드티

남편 옷이지만 내 친구에게 주기로 결정했다. 결국 허리를 못 움직여 재활의학과까지 다녀왔다. 통증 클리닉, 정말 신기하다. 이상한 침대에 눕히고 내 몸을 비틀어 뚜둑, 따닥, 우두둑 소리를 내기만 했는데 하나도 안 아파졌다.

5.19

폴스미스 가죽 모자

지금은 생일 선물을 안 한 지 오래됐지만(생일 축하 카드만 만들어주기로 결정한 지 오 년이 넘었다), 한때 남편 생일마다 몰래 고민하던 시절이 있었다. 남편이 폴스미스 브랜드도 좋아하고 모자도 좋아하기에 남편에게 주려고 샀던 선물인데, 한마디로 실패했다! 이 모자를 남편이 쓰면 거지 같다. 노숙자처럼 보인다. 내 머리가 좀 길다면, 모자를 좋아했다면 나라도 써보련만. 모자를 좋아하는 민경에게 줘야지. 제발 어울리기를.

5. 20

황인숙 쌤한테 선물받은 고양이 양말

낡아서 버릴 때가 훌쩍 지났는데도 좋아서 다시 신고 또 신었던 고양이 양말, 이젠 안녕. 고양이 양말을 신고 본격적으로 탭댄스를 배우러 갔다. 꺅! 좋아했던 양말과 이별하며 탭댄스를 시작하다니, 감동! 생각보다 어렵고 스텝이 꼬여서 힘들었지만 열심히 배워볼 생각이다. 인생이 너무 길어서, 하고 싶은 일들을 하나 둘 해보면서 살기로 했다. 언젠가는 드럼도 꼭 배우고, 우쿨렐레도 연습해야지. 날마다 하나씩 버리기로 결심하고 그것을 기록으로 남기니 확실히 물건을 살 때 신중해지기 시작했다. 이게 혹시 곧 버릴 목록에 들어가지 않을까 생각하다 보면 뭔가를 갖고 싶은 욕망이 점점 오그라든다.

5.21

스포츠 브라, 앨리스 원피스, 꽃무늬 셔츠

전부 일 년 전에 유니클로에서 산 새 옷들이다. 분명 예뻐서 샀는데 손이 안 가는 옷들을 유경에게 넘겼다. 그런 옷들은 대개 정크 클로즈junk clothes다. 가격 부담이 적어 꼭 필요하지 않은 옷들까지 아무런 생각 없이 사게 된다. 필요하지 않았으니까 입지도 않는다. 비싸지 않으니까 죄책감 같은 것도 없다. 이게 바로 문제! 두 번 생각하고 나서 사는 걸 연습 중이다.

5.22

스카프들

홍대 앞 거리에 잠깐 나갔다. 집에 있는 스카프들을 골라내 친구들에게 나눠주고 난 직후에 분홍색 스카프를 살 뻔했지만 꾹 참았다. 특별히 좋아하는 색도 아닌데 왠지 예뻐 보였지만. 그냥 예뻐서 사는 일은 그만두기로 결심했다. 최대한 들이지 않는 생활을 꾸려가는 것은 1일1폐 프로젝트가 내게 준 선물이다. 스카프 대신 민경이네에서 토마토, 상추, 고추 모종을 얻어 왔다. 자꾸 땅에 꾸역꾸역 심어대고 있구나. 이제 그만 심어야 할 텐데.

5. 23

엄마 집에서 신고 온, 목 늘어난 민트색 양말

엄마 집에서 내 집으로 건너온 물건들은 특히 버리기가 어렵다. 이 양말은 당장 버려도 아깝지 않을 만큼 낡았는데도 양말 통에서 몇 년째 꿋꿋이 버텨왔다. 어쩌면 아빠 양말이었을지도 모른다. 덕분에 하루 종일 이 양말을 신고 하늘에 있는 아빠 생각을 했다. 항상 양말을 찾아 헤매던 덜렁이 아빠. 덩치 큰 딸을 무릎에 앉히길 좋아했던 아빠. 방귀를 뀌고는 싱겁게 하늘을 보라던 아빠. 추운 날에는 집에 돌아오는 길에 떨어진 내 귀를 봤다며 실없이 웃던 아빠. 화도 제대로 못 내고 늘 허허거리던 아빠. 사랑 많고 정 넘치고 바보 같았던 아빠를 생각하게 해준 양말, 안녕~!

5. 24

1996년 캐나다 몬트리올에서 산 보자기 모양의 천 가방

사실 아직도 버릴까 말까 고민스럽다. 내가 아주 좋아하는 이 가방은 캐나다 유학을 마치고 집으로 돌아가려던 어느 날, 가족들 선물을 사러 간 빈티지 숍에서 발견한 것이다. 끈이 해져서 천까지 덧대가며 사용하다가 이젠 안 쓴 지 오래됐는데도 여전히 못 버리겠다. 이 가방을 볼 때마다 너덜너덜한 가방 같았던, 몬트리올의 젊은 시절, 그 힘들고 막막했던 시절이 생각나기 때문일지도. 이젠 그 시절과도, 가방과도 작별할 시간!

5.25

끝을 잘라 유리병 장식용으로 썼던 딸 양말

나는, 정말 못 버리는 사람이 맞구나. 병 크기에 따라 홀쭉한 판다와 뚱뚱한 판다를 넘나들었던 딸 양말을 쓰레기통으로! 요즘 하나씩 버릴 것들을 그리고 나서 쓰레기통으로 던져 넣을 때마다 묘한 쾌감이 밀려와 최대한 힘껏 던지는 버릇이 생겼다. 스트라이크! 슛, 골인!

5.26

까만 집시치마, 마음에서 버리다

딸이 레깅스와 무지 반팔 티셔츠가 필요하다기에 이대 앞에 다녀왔다. 그곳에서 까만 집시치마가 눈에 번쩍 띄었다. 다른 때 같았으면 단돈 만 원이어서 분명 샀을 텐데, '이러면 안 되지!' 하며 마음으로 과감하게 버렸다. 딸이 양말을 사고 싶어 했을 때도 "네!!! 내가 요즘 양말 버리는 것 몰라?" 했더니 바로 멈춰준다. 1일1폐가 여러모로 많은 도움이 된 날이다. 그동안 생각 없는 소비가 얼마나 많았는지 되새겨본다. 분명 내 옷장 어딘가에 저런 비슷한 치마가 두 벌 이상은 처박혀 있을 것이다. 내일은 옷장을 뒤져봐야지.

5.27

까슬까슬한 느낌의 하늘색 줄무늬 양말

요즘 우리 집 마당의 장미, 유난히 예쁘다.

5.28

내가 산 건 절대 아닌 하얀 양말

탭댄스는 생각처럼 쉽지 않다. 평소 엉터리 스텝을 너무 즐긴 탓에 스텝이 더 엉망인 듯하다. 그래도 따그닥, 틱틱 탁탁, 또각또각, 내 발 아래에서 소리가 난다.

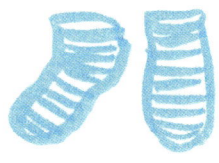
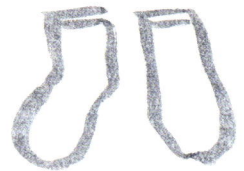

5. 29

일 년쯤 모은 예쁜 맥주병 뚜껑과 와인 코르크들

주방 구석에서 꽤 크게 자리를 차지하던 유리병 두 개를 과감히 치웠다. 전부 우리가 함께 마신 맥주와 와인들. 물건은 버려져도 기억과 추억은 여기에 남길 수 있으니까 다행이다.

5.30

딸이 어릴 적 애용하던 수저 등등

딸이 어릴 적에 썼던 식기와 수저들이 서랍 한가득 있기에 그중에서 가장 사랑했던 스푼과 젓가락 하나씩만 남기고 몽땅 버리기로 했다. 추억 때문에 간직했지만 딸이 훌쩍 자란 뒤로는 단 한 번도 꺼낼 일이 없어진 것들이다. 이제야 들여다보며 그날들을 억지로 되새긴다. 다시 쓸 일이 없는 것들이라면 버려야지. 내 딸의 어린 시절 식탁을 즐겁게 만들어줘서 고마웠다. 대신 그림책 작가 모임에 갔다가 얼떨결에 물건들을 구입해 오고 말았다. 뭐라도 사야 할 자리였다고 변명한다. 하루라도 뭔가를 들이지 않는 삶은 정녕 불가능한가. 집으로 돌아오는 길에는 길바닥에서 철퍼덕 소리가 나게 넘어져 다쳤다. 오래간만에 굽 높은 구두로 멋을 냈는데 만신창이가 됐다.

5.31

동생이 중국에서 사다 준 주방용 오븐 장갑

곤도 마리에 씨가 쓴 『버리면서 채우는 정리의 기적』을 읽고, 설레지 않는 물건은 버리기로 마음먹었다. 그러고 나서 내 레이더망에 잡힌 첫 번째 물건. 이 물고기 장갑은 너무 커서 잘 쓰지도 않고 별로 설레지도 않는데 혹시 나중에 쓸 일이 있겠지 하면서 몇 년째 가지고 있었다. 하지만 일단 버리라는 게 곤도 마리에 씨의 말씀. 나중에 필요해지면 꼭 다른 대용품을 찾을 수 있단다! 어쩌면 물고기 장갑을 버려서 더 창조적인 삶을 살게 될지 모르겠다. 그래도 책은 들이는 물건에 포함하지 않기로 했다. 일단 들인 책은 음식으로 생각하기로 마음먹었다. 책은 음식처럼 내 안에 쌓이는 것이니까. 책도 읽고 나면 음식처럼 몸속으로 스르륵 스며들어준다면 좋을 텐데.

6x 1 - 6x 30

불안
버리고 싶은 마음속 깊이 도사린 소유욕

왜 버리기 시작했을까? 분명한 이유들이 있지만 그것은 핑계일 뿐, 혹시 버리고 난 빈자리를 새것들로 채우고 싶은 게 아닌지 불안해진다. 결혼한 지 열다섯 해가 넘었다. 당연히 이것저것 바꾸고 싶은 물건들이 생기기 마련이다. 멋진 소파가 탐나고 침구도 새로 장만하고 싶다. 구형 냉장고라 수납공간이 부족해 냉장고를 제대로 정리할 수 없다. 오븐도 너무 작아 칠면조 요리를 하고 싶어도 못 한다. 과연 그럴까? 멋진 소파를 들여놓으면 집안 청소를 더 열심히 하고, 새 이불을 덮고 자면 숙면하면서 좋은 꿈만 꿀까? 냉장고가 신형이면 항상 깔끔하게 정리하고, 커다란 오븐이 생기면 맛있는 요리를 날마다 하게 될까?

생활 습관은 물건으로 바꿔지는 게 아니다. 파에야 냄비를 사도 파에야를 날마다 만들어 먹지는 않는다. 심지어 이상하게 나는 더 안 해먹게 된다. 이렇게 내가 물건들을 버리는 이유는 이제부터라도 버릴 일이 없는 물건들만 가지고 살기 위함이기도 하다. 한 가지를 버리고 새로운 쓰레기를 들이는 일은 하지 말아야 한다. 프랑스 철학자 미셸 퓌에슈는 버리는 일을 최대한 피하려면 물건을 다르게 생각해야 한다고 이야기했다. 우리가 끝까지 책임질 수 있도록 수리와 유지가 가능한 물건들을 만들어야 한다고, 오래 유지하는 관계의 소중함을 느껴야 한다고 말이다. 그래서 나는 다시 내 낡은 물건들을 다독인다. 같이 잘살아보자, 물건들아!

6.1

아무것도 버리지 못했다

뭔가 버릴 물건을 찾아내려면 어딘가를 정리해야 해서 이번 주는 잠깐 쉬어 가기로 했다. 며칠 전에 책 작업을 하나 끝내기도 했으니까(사실 진행 중인 일들이 더 많지만). 한낱 물건을 버리기도 이토록 힘든데, 마음을 비우거나 인간관계를 정리하는 일은 얼마나 힘들까. 요사이 갑자기 넘쳐나는 인간관계로 버거워지기 시작했다. 그것들도 조금씩 정리할 필요가 있겠군.

6.2

짝이 안 맞는 코스트코 파랑 양말과 보라 양말

이제 슬슬 버릴 양말 통의 바닥이 보이기 시작한다. 줄넘기를 하고 싶다는 딸과 잠깐 산책하려고 아무 생각 없이 짝짝이 양말을 신었는데, 이거 은근히 패셔니스타 같네! 역시 창의력은 뭔가 없거나 부족할 때 샘솟나 보다. 대처하기 위해 생각을 짜내야 하니까.

6.3

내 피부

며칠 전 넘어져서 다친 팔목 상처가 좀처럼 아무는 기색이 없어 병원에 갔더니 염증이 생겼다고 한다. 대체, 왜? 매일 꼬박꼬박 소독에 연고까지 남편의 극진한 치료를 받아왔는데. 아무래도 술이 원인이다. 사흘 연속해 밤마다 덥다며, 책이 나왔다며, 목이 마르다며 마셔댄 맥주와 막걸리가 내 상처를 썩히고 있었다. 이제 버릴 게 없으니 피부를 버리는구나. 새 피부가 돋아날 때까지 날마다 병원을 들락거려야 한다. 상처가 낫느라 아프고 욱신거리고 간지러운 거라고 생각했는데 찰과상을 우습게 봤다. 다음부터는 아프면 무조건 병원부터 가야지. 물론 술도 절대 안 마시고 말이다!

6.4

컴퓨터 마이크와 헤드셋

기계들은 너무 빨리 바뀌고, 너무 빨리 업그레이드되고, 너무 빨리 쓸모없어진다. 일 년 넘게 한 번도 쓴 적이 없다. 나중에 쓸 일이 생겨도 그때는 구닥다리 쓰레기로 취급받을 게 뻔하다.

6.5

구찌 짝퉁이 분명한 흰 양말과 하늘색 코 양말

탭댄스 수업. 짝이 다른 양말을 신으니 양발의 시간이 좀 다르게 느껴진다. 오른발을 내딛을 때는 어제 같고 왼발을 내딛을 때는 오늘 같다. 오늘 배운 스텝은 쿵 딱 딱, 쿵 딱딱, 쿵 딱딱쿵, 쿵 딱딱, 쿵 따 따 따란 따란 찌익 쿵.

6.6

남편 것 같은 흰 양말과 회색 고무줄 양말

어째서 한 짝씩만 남겨졌을까? 빨래를 할 때 무심코 한 짝만 세탁기에 들어가 다음에 나머지 짝도 잘 찾아둬야지 했겠지만 그 생각만으로 끝이었겠지. 좋아하는 양말이었다면 기를 쓰고 짝을 찾아놓았을 텐데 별 감흥이 없는 양말이라 제짝도 없이 뒹굴게 두었다. 사람이나 사물이나 다 같다. 좋은 감정이 없으면 저절로 소홀해진다.

6.7

아무것도 버리지 못했다 (아무것도 못 버리는 날에는 뭔가를 가지게 될까 봐 불안해하는 나를 발견했다. 이게 뭔 감정이야?)

한 달 전, 이십 년도 더 전인 고등학교 1학년 때 담임선생님에게서 갑작스러운 전화를 받았다. '직업인의 날'에 모교에 와서 아이들에게 내 직업에 대해 이야기해 주면 어떻겠냐는 부탁 전화였다. 그리고 오늘 학교에 다녀왔다. 그때 대학을 갓 졸업한 담임선생님은 내게 참 각별했고, 젊고 예뻤다. 이런 날이 내게도 오는구나. 예전 고등학교 시절 학교를 찾아온 선배들이 열심히 공부하라며 생글거리던 모습이 생각났다. 고민을 끝낸 것 같은 사람들이 한참 고민 중인 우리에게 잘난 척하는 것 같아 그때는 얼마나 얄밉던지. 아이들에게 나도 혹시 그렇게 보일까 봐 성심껏 준비하려고 노력했는데, 어찌 보일지는 내 몫이 아니다. 어른의 말이 귀에 들어올 나이가 아니긴 하다. 그런 시절을 겪어야 크는 거니까. 내게도 그런 시절이 있었다는 사실을 잊지 말아야지.

6.8

내 그림 몇 점

텃밭에 관한 이야기책에 그림을 그리고 있다. 글 작가와 편집자와 디자이너를 만나 수정 사항을 의논했는데 고춧잎 모양도 틀렸고, 고구마 줄기 방향도 틀렸으며, 감자 뿌리도 틀리게 그렸다는 걸 알았다. 다르게 그리면 다른 작물이 된다. 내 상상 속 작물과 실제 작물이 이렇게 다르다니. 평상시 스쳐 지났던 작물들의 잎을 좀더 유심히 봤어야 하는데. 제대로 하나하나, 뿌리와 잎과 열매 모양들을 살펴보고 그려야 한다. 결국 어쩔 수 없이 그림 몇 점은 완전히 버려져야 한다. 다시 그려야지. 힘은 들지만 공부는 많이 했다.

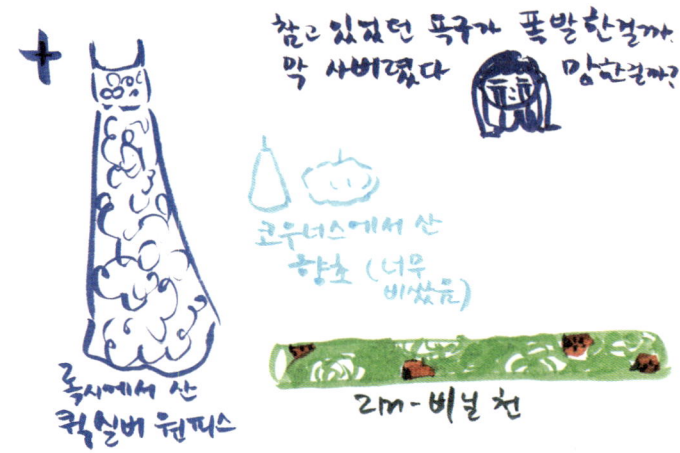

6.9

대폭발, 마구 샀다!

남편의 아트북 『포스트잇post it』이 코우너스에서 출간되어 사무실에서 반짝 숍을 연다기에 종로에 다녀왔다. 아트 프린트를 하는 곳이어서 남편과 딸은 그림을 출력하려고 출력기 쪽에 섰는데 나는…… 글쎄, 수제 향초를 사고 있었다. 그 향초를 사고 나니, 그동안 억제했던 뭔가(욕구)가 터져버렸을까? 근처에 있는 작은 소품 가게에서 비닐 천(네덜란드에서 부피 때문에 차마 사지 못했던 것. 이건 거기서도 사려다 말았잖아. 사기 전에 두 번 생각한 걸로 치자)을 사고 명동에 들러 원피스까지. 너무 참았다, 요즘. 나, 망한 걸까? 아아, 그냥 사자! 날마다 하나씩 버리기로 결심했지, 소비까지 금지한 건 아니었다. 그래도 변명하고 싶다. 앞으로 더는 물건들을 왕창 들이는 일 없이 하루에 하나씩 열심히, 그리고 제대로 버리기 위한 윤활유 같은 소비였다고.

6.10

고양이와 태양이 있는 후드 점퍼

아크릴로 페인팅된 이 옷을 처음 내 앞에 꺼내놓던 엄마가 떠오른다. 엄마 얼굴에는 장난기가 서렸고 약간은 쓸쓸한 표정이기도 했다. "어처구니없이 내가 이 옷을 샀다. 스페인 작가가 직접 그렸대. 너 입을래?" 아마도 상당히 비싸게 산 모양이었다. 슬쩍 보면 정말 특이하고 화려하며 꽤 멋지기까지 하지만 그 현란함에 차마 입을 용기가 나지 않는다. 혹시나 나중에 엄마가 다시 입어보겠다고 찾을까 봐, 내가 갖겠다고 하고서는 내 옷장으로 가져와 오 년도 넘게 옷걸이에 걸어만 놓았다. 스페인에서라면 이 옷을 입고 거리를 활보할 수 있을까? 무슨 생각으로 어쩌자고 엄마는 이 옷을 샀을까?

6.11

운전용 보라 뿔테 안경

차에 두고서 쓰려고 육 년 전쯤에 맞춘 보라색 안경이다. 대체 육 년 전에는 무슨 생각으로 이런 색깔의 안경을 골랐을까? 사람의 취향은 이렇게 바뀌기도 한다. 그때는 좋아라 신나게 쓰고 다녔는데 지금은 아무리 봐도 이상하다. 이런 안경을 쓴 사람과는 친구도 안 할 것만 같다. 아마도 싸서 산 것이겠지. 디자인 대신 가격을 선택하면 항상 후회하게 된다.

6.12

핑크 아가일 무늬 딸 양말

탭댄스를 추러 가는 날은 즐겁다. 오늘 배운 스텝은 3박자. 앞코를 이용해 쿵 딱 따, 뒤꿈치와 앞코를 이용해 풍 딱따. 은근히 어렵다. 갑자기 더워져서 더 힘들다. 아침에 분홍 양말을 신으면서 내심 기대했는데 '분홍 구두' 같은 힘은 없었다!

 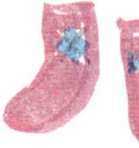

6. 13

고장 난 스캐너

물건도 사진처럼 추억이 지나간다. 도련님에게 빌려준 부라더 미싱이 다시 내게로 돌아왔고, 한때 나를 위해 열심히 일해 준 스캐너를 버렸다. 수명이 다해 더 이상 쓸 수 없는 스캐너를 이사 때마다 끌고 다녔다. MICOROTEX ScanMaker 3800. 너를 향한 동지애는 그림으로만 남길게.

6. 14

삼성 유선전화기와 모토로라 무선전화기

집 전화는 최대한 구식 두 개만 쓰기로 했다. 전화기는 망가져서 버린 적이 없다. 기능이 업그레이드되어 이전 것이 쓸모없어진다. 기계에 농락당하는 기분이다. 우리에게 이런 물건들이 앞으로 얼마나 늘어나게 될까?

6.15

하루 종일 집 밖에 있어서 아무것도 버리지도 못했는데,
지영이표 수제 팔찌만 선물받았다.

지난해 말에 황인숙 쌤, 지영이, 나, 이렇게 셋이 각자 아는 지인들을 모아 길고양이 모임을 만들었다. 적은 돈을 꾸준히 내서 길고양이를 위해 쓰자는 모임이다. 회원 중에는 편집자도 있어서, 우리 셋이 고양이에 관한 책을 만들면 어떻겠냐고 제의해 오늘 만났다. 하지만 다들 지금 당장은 하는 일들이 걸려 있어 같이 일정을 맞춰 책을 낸다는 게 쉬워 보이지 않는다. 편집자의 의지만으로 책이 만들어지는 게 아니니까. 요즘은 실용서가 대세라고 한다. 문학도 매체에 부응해 드라마화나 영화화된 것만 잘 팔린다고 한다. 상상력이 없어져 빡빡한 세상이다. 뭐든 당장 도움이 되는 것들만 얻으려고 한다. 눈에 보이는 게 전부가 아니다. 가슴이 느낀 뒤에 얻으면 모두 내 것이 될 수 있다고 생각하는 나는 상상력이 너무 풍부한 걸까?

6. 16

목 늘어난 하늘색 남편 양말

요즘 남편과 딸이 나 때문에 양말을 못 산다. 내가 낡고 목 늘어나고 불편해 버리는 양말 외에도 멀쩡한 양말이 넘치는데 왜 양말이 자꾸 사고 싶은 게냐! 양말은 도저히 못 사주겠다.

6. 17

양말이라도 신을걸

남편과 나, 둘 다 콜레스테롤 수치가 높게 나와 병원에 다녀왔다. 다행히도 나는 그나마 좋은 콜레스테롤이 높아 좀 지켜보자고 하고, 남편은 약을 복용하기로 했다. 얼마 전에는 차도 점검했다. 장마 전에는 꼭 손봐야 한다기에 타이어와 와이퍼를 교체했다. 냉장고도, 밥통도 오래 쓰니 슬슬 낡고 고장 나기 시작한다. 사람도 물건도 오래되니 똑같이 고칠 게 생기기 마련인가 보다. 이제부터는 덜 고장 나도록 잘 수리하고 더 낡지 않게 잘 보존해야 할 일만 남았다. 언제까지 살 수 있을지 아무도 모르니까 스스로 아껴가며 살아야지. 나를 아끼는 만큼 남도 아껴야지. 혼자 잘살면 뭐해? 주위가 다 함께 잘살아야 진짜 잘사는 거지.

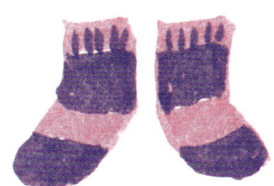

6.18

딸이 안 신는 핑크 보라 양말

영경 언니네 옥상에서 탭댄스 연습을 하기로 해서 딸이 안 신는 양말을 챙겨 신었다. 비가 온다. 야외에서 비까지 살짝 맞으며 탭댄스를 추다니 어쩐지 근사하다. 땀과 비가 어우러진 저녁, 댄싱 인 더 레인Dancing in the rain~! 이제 곧 버릴 양말이 바닥 날 것이다. 그럼 뭘 버려야 할까. 부엌살림들을 뒤져봐야지. 주방의 수납장과 식기장이 모두 꽉 차서 문마저 잘 안 닫히는데도 어느 하나 버리지 못하고 있다. 1일1폐 프로젝트의 장점은 물건들을 그리면서 기억한 후 미련 없이 버릴 수 있다는 것. 오늘 빗속의 탭댄스 연습을 도와준 딸 양말도 마찬가지!

6.19

회색 아가일 무늬 딸 양말

대입미술학원 시절, 우리의 미래를 고민하던 언니들이 이제 딸의 앞날을 고민하는 엄마가 되어 있다. 이렇게 자식 고민을 많이 해주는 엄마들을 만나면 나는 늘 딸에게 미안해진다. 길고양이 걱정, 탭댄스 걱정, 수정 원고 걱정, 내 텃밭 걱정 사이에 딸 걱정은 살짝만 끼워놓는 엄마이기 때문이다. 딸을 믿고 사랑하고 대화하는 게 전부인데 언니들의 의견은 좀 다르다. 우리 때와는 너무 달라 아이의 학업에 신경 써줘도 모자란 판국이라는 것이다. 하지만 내 딸을 아무 생각 없이 대학을 향해 직진하는 바보로 만들 수는 없다. 엄마가 고민하는 게 무슨 소용인가? 내 딸은 세상을 좀더 크고 넓게 바라보면서 스스로 생각하고 고민할 줄 아는 가슴을 가졌으면 좋겠다.

6.20

스테인리스 편수 냄비

엄마는 내 의사를 물어보지도 않고 그릇과 냄비, 이불들을 그냥 사주는 편이다. 내가 시집갈 때 살림살이를 많이 못 장만해 줘서 좀 서운하셨을까? 아니면 엄마가 원래 그런 것들을 좋아해 그냥 사고는 내게도 나눠주는 걸까? 같이 고르기라도 하면 좋으련만, 늘 아무 예고 없이 그런 것들을 툭 던져준다. (그렇다고 그게 싫다는 말은 절대 아니랍니다. 고맙습니다만, 꼭 필요한 물건이 아닌데 자꾸 늘어난다는 이야기죠) 덕분에 딱 내 취향은 아니지만 공짜로 자알~ 쓰고 자알~ 덮으면서 자알~ 살고 있다. 손잡이가 하나인 이 냄비는 비슷한 게 하나 더 있어 항상 여분으로 쓰던 것이다. 물론 두 개가 있으면 여러 요리를 할 때 도중에 설거지를 안 해도 되지만, 이게 없으면 몸은 저절로 좀더 부지런해지겠지!

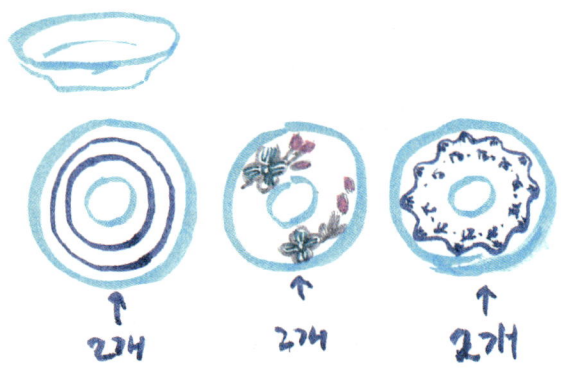

6. 21

코렐 간장 종지 여섯 개

집에 있는 코렐 그릇을 처분하기로 마음먹었다. 예전에 엄마가 필요 없다기에 냉큼 가져온 간장 종지들부터 시작이다. 나는 코렐 그릇을 좋아하지 않는다. 너무 실용적이고 단정하고 깔끔한 모양들이 모범생 같아 재미없다. 우리 집에는 내가 사지 않았지만 여러 경로로 들어온 크고 작은 코렐 그릇들이 있다. 이모가 이사하면서 우리 집에 버린 코렐, 엄마가 가져가라고 해서 그냥 들고 온 코렐, 딸 이유식 그릇은 안 깨지는 게 최고라며 선물받은 코렐. 그래도 명색이 도예과 출신인데, 밥상에서는 좀 멋진 그릇에 담아 음식을 먹고 싶다. 친구 전시회 때 산 멋진 도예 그릇에! 그런데 코렐 그릇이 있으니 무심결에 툭툭 밥상으로 튀어나온다. 있으니까, 편하니까 아무 생각 없이 쓰게 된다. 코렐 그릇이 없었더라면 분명 식기장을 뒤져 더 예쁜 그릇들을 찾아 썼을 것이다.

6.22

엄마의 크리스찬 디올 캔버스백과 가죽 가방

언젠가 엄마가 자신의 삼십 대와 사십 대를 장식했던 빈티지 가방을 처분한다기에 내가 냉큼 가져왔다. 많이 낡았지만 잘 손질하고 수리하면 내가 엄마의 추억을 들 수도 있겠다 싶었는데, 그 마음 그대로 십 년이 그냥 지나갔다. 옛 사진들 속에도 선명하게 찍혀 있는 가방이라 간직해 왔지만 이제 엄마가 내 나이 적에 쓰던 가방들과 헤어질 시간이다.

6.23

딸이 아크릴로 고양이 그림을 그린 플랫 슈즈

캔버스면 줄무늬 플랫 슈즈를 한 번 신고 빨았는데 이상한 얼룩이 생겼다. 그 얼룩을 가리기 위해 딸에게 그림을 그려달라고 했더니 정말 내 마음에 쏙 들도록 우리 집 고양이 비비와 카프카를 짝짝이로 그려주는 게 아닌가. 그게 벌써 사 년 전이다. 이 년 전부터는 그 그림들에 금이 가기 시작해 신지도 버리지도 못한 채 신발장에 고이 모셔두고만 있었다(그래 봤자 먼지 나는 신발장이면서). 어쩐지 딸의 작품 같아 버리지 못했던 것이다. 수많은 사연을 가진 수많은 물건들, 이렇게 잘 그려서 추억만 남긴다.

6. 24

국그릇 두 개, 코렐 접시, 홈플러스에서 사은품으로 받은 접시

내가 좋아하지 않는데도 자꾸 손이 가는 그릇을 처분한다. 조금 무거워서, 혹시 깨지기라도 할까 봐, 특별한 손님을 초대할 때 특별하게 쓰려고…… 아끼느라 정작 내가 좋아하는 그릇을 쓰지 못했다.

6. 25

폴로 로고 자수가 있는 분홍 양말

탭댄스는 날로 스텝이 어려워진다. 오늘은 처음으로 진 켈리의 "싱잉 인 더 레인 Singing in The Rain"을 틀고 스텝을 밟았다. 물론 하나도 안 맞네. 내 스텝 소리가 시끄러워 노랫소리가 안 들릴 정도다. 언젠가는 부드럽고 리드미컬한 스텝을 밟을 수 있을까?

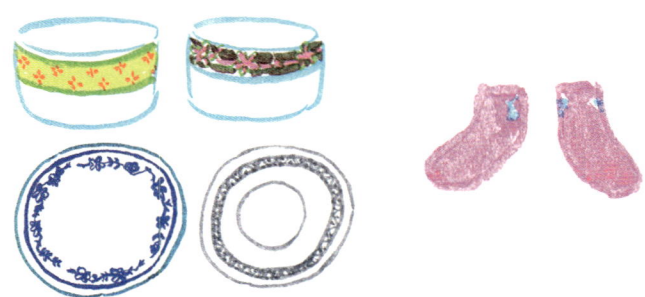

6.26

태국 여행에서 산 물고기 주머니 (지퍼 달린 작은 동전 지갑이 달려 있다)

올해 초등학생이 된 조카는 이가 꽤 흔들리는 상태로 우리 집에 도착했다. 조카는 그 이를 고모인 나보고 직접 빼달라고 했다. 얼마 전에도 외할머니가 이 하나를 실로 빼줬는데 엄청 아팠고 치과는 무서웠나 보다. 게다가 얼마 전에 친구가 흔들리는 이를 안 빼고 잤다가 그 이를 먹었다나. (세상에!) 조카는 덜덜 떨면서 그냥 맨손으로 이를 빼달라고 내게 호소했다. 사실 나는 내 딸의 이도 한 번 빼본 적이 없다. 하지만 조카의 두려움을 없애려면 뭔가를 해야 했다. 나는 조카한테 신뢰받는 고모니까. 우리는 최대한 딱딱한 것들과 끈적이는 것들을 많이 먹었다. 그리고 줄넘기, 춤추기, 뜀뛰기같이 격렬한 운동을 하면서 혀로 이를 건드리기로 했다. 그렇게 막 뛰다가 갑자기 터져 나온 함성. "고모! 이빨 빠졌어!" 그러니까 조카는 혼자 이를 뺐다. (대단해!) 물고기 주머니는 물고기가 헌 이 먹고 새 이 주라고 우리끼리 정한 이빨 주머니다. 조카의 이는 사라지고 물고기 주머니만 덩그러니 남았다.

6. 27

베네치아에서 산 남편의 파나마 모자와 피렌체에서 산 내 왕골 모자

'오늘은 뭘 버릴까?' 고심하다가 생각난 모자 두 개. 이 년 전, 이탈리아 여행 중 아시시에서 로마로 가려고 기차를 급하게 갈아타다가 짐칸에 두고 내렸다. 다른 짐과 딸을 챙기느라 모자에는 신경을 쓰지 못했다. 그래도 딸은 챙겨서 다행이지만, 새 모자를 예쁘게 포개놓은 채 까맣게 잊은 걸 생각하면 억울해서 다시 살 수도 없었다. 이후 이런 모자는 우리끼리 사용을 금지한 모자가 되었다. 그 억울한 모자들을 내 마음에서 버리기로 한다. 이제야 진짜 버렸다. 멋진 모자를 새로 사도 된다고 생각하니 후련하다!

6.28

7cm 굽이 달린 조리 샌들

어쩌자고 이렇게 굽 높은 신발을 샀을까? 사 년 전, 초등학교 6학년이었던 딸의 키가 곧 내 키를 넘을 기세로 쑥쑥 자라는 터라 급하게 이 신발을 산 기억이 떠올랐다. 어쩐지 딸보다 크고 싶다는 별 설득력 없는 생각을 했다. 한두 번 신었지만 발이 너무 아파서 더는 신지 않았다. 키가 좀 커 보이면 뭐해? 발이 불편해 걷기 싫어지는데. 괜히 신경질만 나고 몸도 막 쑤시는데. 이젠 딸과 9cm나 차이 나서 굽으로는 도저히 딸의 키를 따라잡을 수조차 없어졌다.

6. 29 - 6. 30

허리가 아파서 꼼짝할 수 없다.
허리 통증이 더 심해졌다. 내일은 병원에 가야겠다.

늦잠 자는 딸 곁에 누워 이런저런 이야기를 나누다가 "운동을 너무 안 하는 거 아냐? 다리 좀 들어 올려봐" 했더니, 딸은 무릎도 제대로 못 펴고 낑낑댄다. 그런 딸 앞에서 "잘 보라구! 이렇게~" 하면서 시범 삼아 호기롭게 번쩍 들어 올린 내 다리. 그런데 다리를 잘못 들었는지 허리를 삐끗하고 말았다. 일주일에 고작 탭댄스 50분이 전부인 주제에 나는 어쩌자고 내 몸에 대해 오만했을까?

아침에 일어나자마자 딸에게 시범을 보인 동작

7 x 1 - 7 x 31

정리
내 마음의 서랍까지 샅샅이 뒤질 것

뭐든 한 가지를 오래 계속하면 기술이 생긴다더니 그 말이 진짜였다. 날마다 버리고 그것을 기록으로 남기다 보니 내게도 새로운 기술이 하나 생겼다. 마음의 서랍까지 열어 내가 가지기 싫은 감정이나 기분, 습관, 편견 같은 것들을 버리는 기술 말이다. 물건을 하루에 하나씩 버리듯이 내가 버리고 싶은 마음도 그 사이에 슬쩍 끼워 넣는다. 대신 다른 물건들처럼 여태 못 버린 내 마음도 제대로 기억하고 보듬은 뒤에야 버리는 것이다. 물론 늘 완전히 버려지는 건 아니다.

어떤 마음이든 마음은 마치 내 몸 구석구석에 새겨진 문신처럼 좀처럼 지워지지 않는다. 버리겠다고 마음먹는다 해도 일회용 컵처럼 쉽게 버려지는 게 아니다. 언제든 불시에 되돌아오는 것이 감정이니까. 하지만 결코 버려서는 안 되는 것들로 내 마음을 채우려고 노력하다 보면, 버리고 싶은 감정이 다시 들어설 자리는 없어질 것이다. 물건이든 마음이든 뭔가를 버리려면 먼저 정리부터 해야 버릴 것과 버리지 말아야 할 것을 가릴 수 있다. 괴로운 마음을 버리고 싶다면 마음도 일단 정리부터!

7.1

버릴 거라고는 내 몸 구석구석뿐

허리가 아프니 아무것도 할 수 없다. 중심을 잃은 기분. 나는 늘 젊다고 생각했다. 뭐든 번쩍번쩍 들고, 아무 데서나 펄쩍펄쩍 뛰고 까분다. 내 몸은 더 이상 젊지 않은데. 사십 대 중반의 몸이 가면처럼 쓰고 있었던 삼십 대의 젊은 몸을 버린다. 어떤 선배가 그랬다. 나이가 드니 최선을 다하는 일이 부담스럽지 않아서 좋다고. 내 몸을 알고 딱 그만큼의 최선만 기울여야겠다고 다짐한다.

7.2

사 년 전 뉴욕 빈티지 숍에서 산 구제 캠퍼 가죽 슬리퍼

여름에 신기에는 덥고 겨울에 신기에는 춥다. 가죽은 멀쩡하지만 다행히 바닥이 갈라졌다. 슬리퍼의 소재와 모양이 캘리포니아의 선선한 날씨에나 어울릴 법하다. 어제 허리 통증을 버려서인가? 많이 좋아졌다. 내일쯤에는 다 나을 것 같은 기색이다. 신난다.

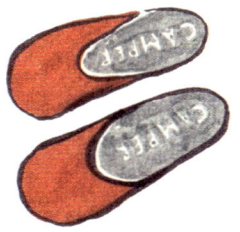

7.3

지오앤 사만다 보라색 에나멜 하이힐

신발장에서 오 년 이상 신지 않은 신발들을 정리했다. 그중에서 제일 안 신은 건 역시나 굽 높은 구두들이다. 나도 이런 구두들을 신고 다닌 적이 있었다니 감개무량하다. 발이 불편하면 화가 나는 나 같은 사람에게는 무리였던 7cm 굽의 구두는 몇 번 안 신어 새것 같다. 굽 높은 하이힐을 신고서 멋지게 걸어가는 여자들을 보면 저들도 발이 아플까 생각하게 된다. 하이힐을 신고 한층 길어진 다리로 거울 앞에 서면 더없이 만족스럽지만 조금만 지나면 불편해진다. 하이힐은 신으라고 만든 것이 아니라 잠깐 행복하라고 만든 신발이다. 이 하이힐 덕분에 잠깐이라도 행복해질 수 있는 새 주인을 한번 찾아봐야겠다.

7.4

벼룩시장에서 엄마가 사준, 영화감독이 소장했다는 샤미 실내화

내게는 크고, 남편에게는 작고, 딸은 발에 열이 많고…….
이 실내화는 앞으로 얼마나 많은 사람들의 발을 거치게 될까?

7.5

어마어마한 뾰족코의 미색 가죽 하이힐 부츠

결혼 전부터 신지도 않으면서 줄곧 가지고 있었던 부츠다. 이제나저제나 신을 수 있지 않을까 여태 버리지 못했는데, 이젠 관리도 안 해서 가죽이 상하기까지 했다. 새 주인을 못 찾을 것 같아서 의류 수거함에 넣을 생각이다. 내 하이힐들의 공통점은 바닥이 너무 깨끗하다는 것이다. 대체 왜 이 신발을 진작 못 버렸을까? 이 신발에는 어떤 옷을 입어야 어울릴까? 나는 이런 신발을 다시 신을 수 있는 날을 기대하며 살았던 걸까? 아무튼 버리자. 그런 날도, 이 하이힐 부츠도 모두 안녕!

7.6

엄마가 사준 융 재질의 하이힐

구 년 전쯤 엄마가 올케와 나를 남대문 야시장에 데려간 적이 있었다. 맘껏 사라면서 그날 엄마는 우리에게 이것저것 사줬다. 한두 번 신었을까, 그때 엄마가 사준 7cm 굽의 하이힐도 새것 같다. 여전히 깨끗하고 예쁘다. 그럼 뭐하나, 신지를 않는데. 허리도 아픈 요즈음은 굽 높은 신발을 보기만 해도 몸이 쑤셔오는 듯하다. 아직 새것 같을 때 다른 주인을 찾아주자. 아까워하다가 아무에게도 주지 못할 만큼 몹쓸 상태가 되면 곤란하다. 아끼다가 '똥' 된다. 그래도 아쉬워서 잠깐 신어보니 역시 불편하다. 내게 너무 과분한 당신, 바이바이~!

7.7

오 년 전에 구입한 젤리 웨지힐 슈즈

높은 신발을 편하게 신고 싶어서 통굽 웨지힐을 찾았지만 굽이 이쯤 되면 역시 편하지는 않다. 오 년 전에 이 신발을 신고 연희동 외환은행 앞을 지나는데, 나보다 대여섯 살쯤 많아 보이는 여자가 "어머! 그런 신발은 어디서 샀어요? 나도 그런 걸 찾고 있는데!" 하며 말을 걸어왔다. 그때 그녀에게 이 신발을 벗어줬다면 어땠을까 상상해 본다. 많이 당황했겠지? 그 후 나는 두 번이나 제대로 이 신발을 신었을까? 그날 그 여자의 체격도 나와 비슷했다고 기억한다. 어쩌면 이 신발이 그녀에게는 잘 맞았을지도 모른다.

7.8

결혼 전에 산 5cm 굽 샌들,
꽤 편한 덕분에 많이 신어 유일하게 굽이 닳은 나의 하이힐

나는 진짜 불편하기만 해서 하이힐을 안 신는 걸까? 사실 나는 하이힐이 그리 아름답게 느껴지지 않는다. 뭔가를 너무 티내려는 것 같아 쑥스럽다고 할까? 개인적인 취향이지만 내게는 썩 우아해 보이지가 않는다. 멋지게 차려입고 하이힐로 마무리 단장을 한 여자들을 보면서 늘 생각하게 되는 또 하나는 '만약 하이힐 대신 단화를 신었다면?'이다. 내게는 플랫슈즈가 훨씬 아름답게 다가온다. 하이힐은 너무 화려해서 어쩐지 내가 구두를 신었다기보다는 구두가 나를 선택한 것처럼 느껴진다. 하지만 길어 보이는 다리까지 모른 체하기는 어렵다.

7.9 - 7.10

제짝을 찾지 못한 파랑 하양 양말
제짝을 못 찾아 못 신는 딸의 딸기 리본 양말

탭댄스 연습을 하는 데는 짝짝이 양말이 최고다. 오른발과 왼발이 확실하게 다르니까 오른 스텝, 왼 스텝을 연습하기가 훨씬 수월해진다. 아픈 허리 때문에 꽤 오래 탭댄스 수업에 나가지 못했다. 다시 탭댄스 시동을 슬슬 걸기 위해 남편과 함께 영화 〈싱잉 인 더 레인〉을 봤다. 역시 진 켈리의 동작은 대단하구나. "나도 진 켈리처럼 탭댄스를 출 거야!" 했더니 남편이 나를 측은하게 바라본다. 내 목표가 역시 당황스럽도록 높은가? 스텝은 조금 밟다 말고 영화를 보면서 눈으로, 마음으로만 맹렬히 췄다. 신었던 양말은 책장 구석구석에 쌓인 먼지를 닦은 후 쓰레기통으로!

7. 11

낯선 여행에 대한 두려움

지난해에 남편과 공동 작업한 그림책 『나마스떼 아리』를 네팔 아이들에게 전달하기 위해 내일 나 혼자 네팔 카트만두로 떠나야 한다. 기아대책 직원, 북스포인터내셔널Books for International 관계자, 신문사 기자, 그리고 나까지 서로를 전혀 모르는 사람 넷이서 말이다. 가족을 두고 낯선 사람들과 동행하는 여행은 처음이라 약간 떨리고 두렵다. 네팔에 가면 얼마나 더울까? 그곳의 환경은 얼마나 열악할까? 아이들은 어떤 반응을 보일까? 별별 생각들이 꼬리에 꼬리를 문다. 쉽게 잠이 오지 않을 것만 같은 밤이다. 하지만 두려움은 버리고 두근두근 설레는 마음만 가져가야지. 새벽에 나가려면 어서 자야 한다.

7. 12 - 7. 14

내가 산 기억이 없으니 누군가에게 받은 게 분명한 덧신
내 욕심과 신경질
남편이 작아서 못 신겠다고 내팽개친 하늘색 줄무늬 양말

네팔은 생각보다 깨끗하고, 짐작보다 안 덥고, 기대보다 화려하다. 뭐 맞는 게 하나도 없다. 7월 12일, 새벽에 연희동 집을 떠나 12시쯤 네팔에 도착해 카트만두에 있는 학교, 그 학교에 다니는 학생의 움막집, 근처 산마을……을 무작정 따라다녔다. 정신없이 하루가 지난 다음 날, 우리는 『나마스떼 아리』를 전달하러 카트만두에서 두 시간 정도 떨어진 작은 시골 학교로 갔다. 거기에서 아이들에게 그림책을 읽어주다가 문득, 뭔가 크게 잘못됐다는 것을 깨달았다. 원래 이 그림책은 한국에서는 『나마스떼 아리』로, 네팔에서는 『안녕 아리』로 서로 다른 책 두 권을 만들기로 기획한 책이었다. 서로의 인사말을 통해 호기심을 심어주고 싶었는데 내 의도와 전혀 다르게 아무 차이 없이 한국에서도, 네팔에서도 똑같은 책이 나와버린 것이다. 의도가 반영되지 않은 책이 무슨 의미가 있을까.

아이들에게 그림책을 읽어주는 내내 화가 식지 않아 얼굴이 화끈거렸다. 다 읽고 나서는 기아대책 팀과 말다툼을 벌이기까지 했다. 게다가 이곳으로 봉사하러 왔다는 어느 대학 봉사팀도 마음에 들지 않았다. 아이들이 따분해 하건 말건 계획대로 움직여야 한다면서 무조건 교육 프로그램을 진행했다. 대체 우리는 누구를 위해 지금 여기에 있는 걸까? 진정 네팔 아이들을 위해? 우울하고 착잡해졌다.

그러다가 돌을 깨서 생계를 유지하는 소년 크리스티앙과 대화하다가 머리를 한 대 얻어맞은 것 같은 기분이 들었다. 크리스티앙은 내 그림책을 읽고 한국 친구를 사귀고 싶다는 생각이 들었단다. 그럼 충분한 것 아닌가? 내 의도가 어떻든, 그림책이 내 의도와 얼마나 다르게 만들어졌든 무슨 상관이야? 네팔 아이들에게 이런 그림책은 처음이고, 한국 아이들과 친구가 되고 싶어졌고, 우리 책을 좋아한다고 한다. 이게 내가 원하던 전부였다. 처음 의도한 대로 그림책이 만들어졌다면 내 프로젝트를 멋지게 완성한 기분에 젖어서 좋았겠지. 하지만 네팔 아이들은 내가 잘못 나왔다고 속상해 하는 그림책으로도 내가 그 아이들에게 하고 싶었던 이야기를 모두 전해 들었다고 말해 준다.

네팔에서는 화를 내는 게 다른 무엇보다도 큰 죄다. 사기를 당했어도, 사고가 나도 누군가 먼저 화내면 그 죄가 바로 화낸 사람에게로 옮겨 간다고 한다. "세상에나, 뭐 그런 걸로 화까지 내고 그래? 어떻게 화를 낼 수 있지?" 하면서. 나, 오늘 큰 죄를 지었구나.

네팔 사람들은 눈이 마주칠 때마다 "나마스떼!"라고 말하면서 합장을 하고 미소를 건넨다. 나에게 깃든 신이 너에게 깃든 신께 인사를 건넨다는 뜻의 나마스떼…….

각자 다른 신을 모시고 서로의 신을 존중해 주는 곳, 가난한 우리가 있어서 베풀 수 있는 영광을 누리는 너희도 있으니, 너희는 우리에게 감사해야 한다는 곳, 네팔. 이곳에서 그동안 옳다고 여겼던 일들과 앞으로 바라며 살 일들에 대해 생각이 많아진다.

7.15

아무것도 버리지 못했다

마음이 무겁다. 네팔에서 뭔가를 잔뜩 짊어지고 돌아온 기분이다. 세상에서 제일 쉬운 기부는 돈이라는 생각이 든다. 직접 안 보고 짐작만으로도 가능한 기부니까 몸도 마음도 다 편하다. 불편하고 괴로운 진실을 목격한 기분이다. 한국으로 돌아오는 비행기 안은 절반이 넘게 한국에서 온 자원봉사자 대학생들로 가득하다. 그 많은 대학생들이 모두 비싼 비행기 값을 지불하고 네팔에 다녀왔을 텐데, 그들은 그곳에서 무엇을 얻어 가는 걸까? 지금 내가 할 수 있는 일은 네팔에서 만난 아이들의 존재를 잊지 않는 것이다. 그리고 내게 필요하지 않은 물건들까지 욕심껏 쌓아두지 말고 하나라도 더 열심히 나누는 것이다. 집에 돌아오니 남편도 있고 딸도 있고 고양이들도 있고, 마당도 있다. 모든 게 소중하게 느껴진다.

7.16

이 년 전 시누이에게 선물받은 찍찍이 모자

이 년 전에 시누이가 유럽 여행을 가서 쓰라면서 돌돌 말아 접을 수 있는 이 모자를 선물했다. 모자 자체는 정말 예쁘다. 하지만 내가 이 모자를 쓰면 누구한테 빌려 쓴 멋쟁이 모자 같아진다. 그것도 한껏 멋을 부려 촌스러운 느낌마저 난다. 이렇게 안 어울리기도 힘들겠다. 그래도 선물받은 모자라 마당에서 일할 때라도 써보려고 현관에 걸어뒀는데 이래도 저래도 안 쓴다. 마당에서 일할 때는 농사용 모자나 챙이 더 넓은 멕시코 모자가 훨씬 좋다. 이 모자도 챙이 넓긴 해서 얼굴로 들이치는 햇빛은 가려지는데 한참 일하다 보면 정수리가 따가워져서 곤란하다. 시누이에게는 미안하지만, 이 모자의 주인은 아무래도 내가 아닌 것 같다.

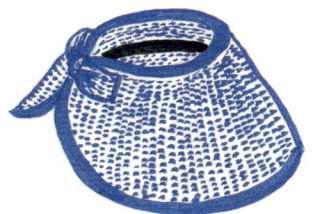

7. 17

어제와 같은 스타일의 파란 모자, 예스24에서 사은품으로 왔다

이 모자를 쓰면 오드리 헵번 분위기가 나지만 역시나 정수리가 따가워지는 모자는 내게 너무 사치스럽다.

7.18

광택이 살짝 도는 작은 니트 가방

딸이 어릴 적에는 외출할 때마다 작은 손가방을 챙겨 들었는데, 이젠 딸도 나도 앙증맞은 소품들과 멀어졌다. 인도네시아 발리에서 실로 직접 짜서 팔기에 샀던 이 귀여운 가방은 열 살 아래 아이들이 좋아할 가방이다. 어린 조카들에게 넘겨야지 생각하다가, 깜빡 잠들었다. 학교에서 돌아온 딸이 집에 도착해 벨을 계속 눌러댔는데도 그 벨 소리를 못 듣고 내처 잤다. 뒤늦게 잠에서 깨어 딸에게 전화하니 딸은 경찰에 신고할 생각이었단다. 아니 웬 신고? 딸은 내가 납치됐을지도 모른다고 생각했다. "엄마는 어리바리해서 충분히 납치당할 수 있어." 딸아, 내가 이상한 영화를 네게 너무 많이 보여줬나 보다.

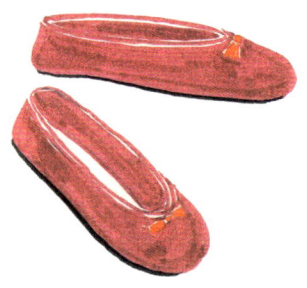

7. 19

겨울용 핫핑크 실내화
(바닥에는 미끄럼 방지용 땡땡이 고무가 붙어 있다)

나는 겨울을 생각하면 아무리 더운 여름도 다 견딜 수 있다. 아무래도 겨울에는 힘을 못 쓰겠다. 아무리 덥고 습해도 여름이 겨울보다 훨씬 좋다. 그래선가, 주택으로 이사 온 후 겨울 용품에 유난히 집착했다. 주택의 겨울이 너무나 추운지라 조금이라도 따뜻하게 해줄 것만 같으면 아무거나 아무 생각 없이 구매했다. 각종 수면 양말, 수면 바지, 핫팩, 덧신, 담요, 주머니 난로. 겨울용 핫핑크 실내화도 어느 겨울을 나기 위한 나만의 필수 용품이었다. 한때는 정말 부지런히 신었는데, 어느 겨울부터인가는 강렬한 핑크색이 부담스러워졌다. 그러니까 너를 신으면 내 패션이 너무 죽는다고!

7. 20

같은 색이라 아무도 짝짝이인 줄 모르는 짝짝이 흰 양말

탭댄스를 추러 가는 날은 무엇을 버릴지 고민하지 않아도 되는 날이다. 무조건 양말이니까. 쿵 합 스텝 플랫 스텝. 어설프지만 발소리가 점점 경쾌하게 바뀌고 있다. 좋아, 좋아.

7. 21

신혼 초에 샀던 남편 모자

이렇게 하나씩 버리면 짐이 줄어들긴 할까? 분명한 것은 이제 아무것이나 사지 않는다는 것. 언젠가 버려질 때를 먼저 상상한다. 일단 그것만으로도 대만족이다. 압화를 좋아하는 엄마가 말린 꽃들을 붙여 멋진 꽃봉투를 만들었다. 엄마는 봉투에 꽃을 붙이면서 연신 '아, 꽃은 이래도 저래도 다 예쁘잖아!' 하고 감탄한다. 꽃도 예쁘고 봉투도 예쁘고 나의 엄마도 예쁘구나.

7. 22

지난해 남편이 산 목 짧은 양말, 짧아도 너무 짧다

탭댄스는 날로 재미있어진다. 특히 〈싱잉 인 더 레인〉에 맞춰 탭댄스를 추면 눈물이 다 나올 지경이다. 안 되던 동작이 되고, 소음이 리듬으로 바뀌더니, 내 발에서 춤이 춰진다.

7. 23

(내일 떠날 여행 준비를 하느라) 아무것도 못 버렸다

베를린과 프라하로 일주일쯤 여행을 떠날 예정이다. 요즘 바빠서 여행에 대해 아무런 생각이 없었는데 카프카와 비비를 엄마에게 맡기고 집으로 돌아오니, 이제야 내일 여행을 떠난다는 게 실감 난다. 이번 달에는 네팔에도 다녀오고 유럽에도 가다니, 움직임이 많은 칠월이다. 그만큼 버릴 물건을 찾을 시간이 부족하다. 여행을 가면 버릴 수 있는 건 고작 팬티와 양말뿐이다. 그러고도 뭔가를 잔뜩 짊어지고 돌아오겠지. '버리기'를 잠시 잊고 일주일 쉬어 가는 심정으로 다녀와야겠다. 베를린과 프라하는 신혼여행 후 처음 다시 가는 곳이다. 얼마나 달라졌을까? 갑자기 떨린다. 이번에는 십 대 사춘기 딸까지 함께 찾아가는 우리의 페이보릿 도시로, bon voyage!

7. 24

달랑 하늘색 하트 무늬 팬티 한 장

드디어 베를린. 도착하니 저녁 7시. 선선한 저녁, 공기가 다르다. 짐을 풀고 호텔 근처를 어슬렁거렸더니 너무 힘들어서 아무것도 할 수 없다. 밤 9시가 넘어도 바깥은 살짝 어두워질 뿐 캄캄해지지는 않는다. 그래도 더 이상은 꼼짝도 못하겠다. 내일을 위해 오늘은 그만 자자.

7.25

역시 딸기 무늬 팬티 한 장

페라가몬 박물관에서 독일이 이 나라 저 나라에서 뜯어 온 방대한 양의 고대 건축물들을 보고, 미테 지구를 돌아다녔다. 여기가 바로 베를린이구나. 하루 종일 걸었더니 발바닥이 화끈거린다. 여행은 하고 있는 동안이 제일 힘든 법이다. 그래도 『우아하게 가난해지는 법』에서 알렉산더 폰 쇤부르크가 여행에 관해 쓴 이야기에는 동의하지 않는다. 그는 왜 바보같이 힘들여 돈 쓰면서 고생하느냐고 물었는데, 나는 단호하게 대답할 수 있다. 돈 쓰면서 고생하기 전의 떨림과 설렘, 그리고 그 후의 추억 때문이라고. 딸은 힘들어 얼굴이 꾸겨지면서 몸을 흐느적대기 시작하고, 우리도 점점 다리에 힘이 풀려 앉을 만한 데만 찾고 있지만, 그만큼 함께 나눌 이야기가 많아진다. 함께 느끼고 같이 겪은 우리만의 이야기. 그런데, 지금은 욕 나오게 힘들긴 하다.

7.26

또 팬티 한 장 (모두 코스트코 묶음 팬티)

서베를린 현대미술관에서 로이 리히텐슈타인, 앤디 워홀, 백남준, 요셉 보이스 등을 만나고 돌아오니 눈은 즐거운데 몸은 힘들어죽겠다. 그래도 현대미술은 공감할 수 있어서 더욱 재미나다. 베를린은 (당연하겠지만) 예전에 비해 훨씬 복잡하고 화려해졌다. 여행하는 동안은 팬티 말고는 달리 버릴 게 없다. 아, 잔뜩 버리고 있는 게 딱 하나 있다. 매일 뭔가를 사고 버리는 돈! 그나저나 베를린에서는 해가 안 져도 너무 안 진다. 밤 10시인데도 해가 질랑 말랑 하는 초저녁 같다. 새벽에는 5시밖에 안 됐는데도 해가 대낮처럼 환하게 떠 있더니. 시차 때문에 9시만 되면 눈이 감겨서이기도 하지만, 베를린에 와서는 밤하늘을 본 기억이 없다. 남편과 딸을 데리고 저녁 산책을 하다가 문득, 한적한 미테 지구도 좋지만 북적한 연희동 골목도 참 좋다는 사실. 여행은 일상의 소중함을 일깨운다.

7.27

엄마가 사준 분홍색 인견 팬티

베를린에서 프라하로 가기 전에 드레스덴에 들렀다. 드레스덴에는 처음 와봤는데 첫 느낌은 완벽한 신도시다. 높은 건물, 커다란 쇼핑센터. 마치 하와이에 와 있는 듯했다. 그런데 이십 분쯤 구시가지 쪽으로 걷다 보면 중세 바로크풍 건축 양식의 궁전과 돌담이 나온다. 세월의 까만 때가 묻은 벽돌 건물 위에 반짝이는 금빛 조각상들. 드레스덴은 신시가지와 구시가지의 대비가 충격적인 도시다. 서울 한복판에서 중세 유럽 도시로 점프한 기분이 든다. 한때 아름답기 그지없었던 도시가 제2차 세계대전에 휘말리면서 폭격으로 파괴되어 이렇게 완전히 다른 두 얼굴의 구시가지와 신시가지가 생겨났다고 한다. 내일이면 드디어 프라하다. 신혼여행 때의 그 감흥이 다시 돋아날까? 십 년 후에도 같이 오자고 약속했던 곳, 그곳을 딸과 함께 드디어 다시 간다. 꼭 십칠 년 만이다.

7.28

역시 또 팬티 한 장

드디어 우리가 설레는 마음으로 고대했던 프라하다! 그런데, 우리가 몹시도 그리워했던 그 프라하는 아니다. 십칠 년이나 기다렸던 그 프라하가 아니다. 구시가지는 완전히 상업화되어 여느 유럽 관광지와 다를 바 없고 사람들로 미어터진다. 우리가 프라하에 도착했을 때는 하늘도 도와주지 않아 바람 한 점 없이 푹푹 찌는 날씨. 뙤약볕 아래에서 수많은 인파에 이리 치이고 저리 치이고……. 하긴 십칠 년이나 지났다. 그때는 체코가 막 개방했던 시기라 소박했지만 낭만적이었다. 게다가 겨울이라 참 추웠고 스산했는데, 그런 음산함이 프라하와 잘 어울렸다. 그러나 지금은 한여름. 그때 같기만을 기대하는 것은 프라하를 무시하는 나만의 착각일지도. 아무튼 우리의 프라하에 도착했는데 덥고 힘들다. 그것뿐이다.

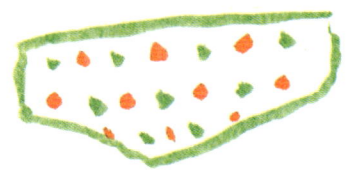

7.29

또 다른 팬티 한 장

선선한 바람이 불어오는 날이어서일까? 오늘의 프라하는 어제와 또 달랐다. 우리는 아침부터 프라하 성에 올라 우체국에 제일 먼저 들렀다. 딸이 친구들에게 엽서를 부치고 싶다기에. 우리도 십칠 년 전 이곳에서 편지부터 부치고 나서 성 안을 돌아다녔다. 그렇게 생각하니 코끝이 시려오면서 갑자기 오래전 우리가 생생하게 돌아왔다. 그때의 날씨와 기분까지 고스란히. 그동안 희미해졌던 기억을 이곳이 아무렇지도 않게 꺼내주는구나. 지금 그때 그 사람과 다시 함께라니, 그 사람과 나의 딸도 함께라니, 어제의 실망 때문에 오늘 이토록 기쁜 걸까? 저녁을 먹고 나서는 프라하 거리를 산책했는데, 옛날 우리가 정처 없이 걷던 그 기분도 프라하 거리가 선물하듯 내게 툭 던져준다. 갑자기 쏟아지는 소나기에 온몸이 홀딱 젖었지만 이렇게 흠뻑 젖어본 게 언제였는지 까마득하다. 역시 프라하는 쨍쨍한 태양보다 스산한 비와 더 어울린다.

7. 30

마지막 회색 팬티를 프라하 호텔 쓰레기통에!

딸이 프라하에서도 자연사박물관에 제일 가보고 싶다고 해서 아침 일찍 호텔을 나섰다. 하지만 프라하자연사박물관은 공사 중이다! '2011년부터 2015년까지'라는 푯말만 붙어 있다. 아침부터 허탕이다. 대신 우리는 또 프라하 거리를 슬렁슬렁 거닐었다. 구시가지의 관광 코스를 조금만 벗어나면 동화책 한 페이지를 걷는 듯한 기분에 젖어들게 하는 허름한 길들이 나온다. 더 프라하다운 프라하의 진짜 속살. 이제 내일이면 우리의 여행도 여기에서 끝난다. 또다시 여기로 돌아올 수 있을까? 이곳이 마지막 여행지라는 생각 때문에 자꾸 뭔가를 사게 된다. 그중에서도 제일 많이 산 것은 역시 동화책이다. 골목마다 책방이 들어서 있다니 그저 부럽기만 하다. 또 하나 부러운 것, 맥주와 물 값이 똑같다. 어찌 물을 마시랴. 시간을 거슬러 십칠 년 전 신혼의 풋풋한 우리를 다시 만나게 해준 프라하의 마지막 날이 이렇게 가고 있다. 굿바이, 프라하!

7. 31

하루가 비행기 안에서 스리슬쩍 사라졌다

여행에서 최상의 일정은 집으로 돌아가는 것.
이렇게 다시 내 집으로 돌아가는구나.
떠나오기 전만큼, 하지만 아주 고요하게 설렌다.

8x 1 - 8x 31

취향의 변화
더 이상 설레지 않는다면

대체 이런 것들을 예전에는 어찌 그리 천연덕스럽게 걸치고 다녔을까? 내 눈에 여전히 예뻐 보이지만 몸에 걸치는 순간 나를 우스꽝스럽게 만드는 것들, 그리고 한때는 설레었지만 이제 아무 감흥도 일으키지 않는 것들. 요즘 내가 버리고 있는 물건들이다. 시간의 흐름에 따라 사람은 원하든 원하지 않든 변할 수밖에 없구나.

숲속을 지나가는 동안은 내가 걷고 있는 숲의 모습을 제대로 보기 힘들다. 취향도 마찬가지인 것 같다. 한 시절을 지나가는 동안에는 내 취향을 제대로 파악하기 힘들다. 그 시절을 한참 지난 후에야 비로소 내게 남겨진 물건들을 통해 '그때'의 취향을 알게 된다. 또한 그 시절만 지나온 것이 아니라 그 취향도 함께 지나왔음을. 다만 이렇듯 변해야 한다면 변화의 방향이 이

전보다 조금은 나은 쪽이길 바랄 뿐이다.
나이가 들어감에 따라 취향이 점점 확실해지는 게 느껴진다. 그만큼 편견과 고집이 생기는 것이겠지. 하지만 예전에는 사랑했던 것들이 지금은 민망하고 이상해 보이다니, 남의 취향에 대해 함부로 토 달지 말아야겠다는 마음이 절로 든다. 내 취향을 존중받기 위해서는 남의 취향도 존중해야 하는 법, 『취향입니다. 존중해 주시죠』를 통해 이수진 작가가 말한 것처럼 타인의 취향을 함부로 폄하하고 스스로 우월하다며 자만하지 말아야 한다. 지금 보면 고개가 절로 갸웃해지는 물건들을 한때 그토록 좋아했던 내가 감히 누구를 비웃을 수 있단 말인가?

8.1

너무 피곤해서 아무것도 할 수 없다.
맥이 다 빠진 나를 버리고 싶다.

서울에 도착하자마자 엄마에게 달려가 카프카와 비비를 데려오고 나니 몸을 움직일 수 없다. 이게 전부 카프카와 비비 때문이다. 안 그래도 여독으로 기진맥진한 상태였는데, 우리끼리만 여행했다고 삐친 카프카와 비비가 꽁꽁 숨어서 우리를 괴롭혔다. 엄마네 집을 이 잡듯이 뒤져서 한 시간 만에 간신히 포획 성공! 지치고 또 지친다. 그래도 이젠 집이다. 고양이들까지 집으로 돌아오니 우리 식구가 오랜만에 전부 다 모인 셈이다. 아…… 좋다!

8.2

색색의 원석들이 하늘색 실에 묶여 있는 목걸이
(내가 산 건 아닌데 누가 줬는지 모르겠다)

나이가 들면서 좀 소원해지는 액세서리들이 있다. 아무래도 지금 내가 하기에는 너무 현란하게 느껴지는 것들. 색색의 원석들이 화려한 이 목걸이도 그렇다. 한때는 아무렇지 않게 목에 걸고 다녔는데 이젠 내 것이 아닌 것만 같다. 어쩐지 유치하다고 해야 하나? 좀처럼 어울리지 않는다고 해야 하나? 그런데 인간관계도 다르지 않은 듯하다. 한때 무난하게 어울렸어도 이젠 어울리기 쉽지 않은 관계. 그런 관계가 생기고 있다. 이 목걸이는 '버리는 상자'로 들어갔다. 신발을 정리하기 시작하면서 장만해 둔 상자다. 아무래도 멀쩡한 물건들은 새 주인을 찾아줘야겠기에 벼룩시장이나 아름다운 가게로 보낼 생각이다. 쓰지 않는 물건들을 모아주면 그 물건들이 필요한 다른 나라로 보내주는 곳도 있다고 한다. 누군가 더 나은 방식으로 쓸 수 있게 되길 바라며.

8.3

플라스틱 반지

예전에 맛있는 냉면을 먹으러 갔다가 근처 문방구에서 득템한 이 반지도 '버리는 상자'로!

8.4

사 년 전쯤 일본 시즈오카 현에서 여행 관계자들에게 받은 양말

어느 여행 잡지에서 같이 여행 가서 공짜로 놀면서 그 지역에 대해 홍보하자기에 덜컥 수락해 남편과 함께 시즈오카 현으로 일본 온천 여행을 떠난 적이 있다. 우리는 이 여행을 계기로 절대 공짜 여행은 하지 않기로 결심했다. 빡빡한 일정에 어색한 포즈를 취하며 찍어야 했던 사진들. 그 3박4일이 어떻게 지나갔는지, 온천에 몸을 담글 때조차 그리 편안했던 기억이 없다. 그때 여행 관계자들에게 불편한 마음으로 받았던 우나기 캐릭터 양말 두 켤레가 뜯지도 않은 채로 아직까지 있었다. 시즈오카는 어디서나 후지 산이 보이는 곳으로 우나기(장어)와 녹차가 유명한 곳이다. 그래서 우나기 파이, 우나기 과자, 우나기 덮밥, 우나기 양말…… 온통 우나기 천지. 이곳은 애니메이션 〈치비 마루코짱〉의 실제 무대라 '치비마루코짱 랜드'도 있다던데 그런 곳에는 데려가주지도 않고 차밭이랑 온천만 보여주더라.

8.5

이젠 목이 너무 꽉 끼는 실크 민소매 블라우스

꽤 오래(이십 년 넘게) 가지고 있는 옷들이 있다. 그 옷들 중 하나. 새것 같지는 않지만 닳아서 해진 느낌이 여전히 없다. 내가 땀이 없는 체질이어선지 옷이 좀처럼 상하지 않는다. 덕분에 쉽게 버릴 수도 없었다. 이 블라우스는 결혼 전에 참 좋아했던 옷이라 딸이 자라면 입히려고 놔두었다. 딸이 어릴 적에 몇 번 원피스처럼 입긴 했지만 지금 딸은 나보다 10cm나 더 크다. 딸에게 물려주기는커녕 내가 물려 입어야 할 판이다. 그나저나 내 목은 언제부터 굵어진 걸까?

8 x 6

야요이 쿠사마의 버섯 그림이 그려진 검정 티셔츠

유니클로에서 야요이 쿠사마 그림이 있는 옷을 보고는 그녀의 작품을 갖겠다는 마음으로 사들인 티셔츠다. 너무 화려해서 도무지 입을 수는 없다. 게다가 예전에는 왜 이리 몸에 딱 붙게 작은 옷들을 샀는지. 이 옷을 꽉 끼게 입고 있으면 묘하게 야요이 쿠사마가 된 것 같다. 그녀의 작품은 좋지만 그녀의 외모가 너무 난해해서…….

8.7

유니클로 칠부 티셔츠

프린트만 보고 덥석 사서 몇 번 입고는 쳐다보지도 않는 옷들이 무수히 많다. 유니클로, H&M, 자라, 망고 같은 패스트 클로즈 가게들이 문제다. 싸고 좋은 옷들이 널린 시대이니 아무렇게나 부담 없이 옷을 사고 아무렇게나 옷장에 꾸겨 넣다가는 옷에 깔려 죽을지 모른다.

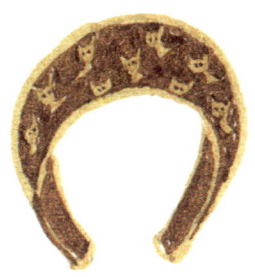

8.8

고양이 무늬 헤어밴드

고양이 무늬라면 뭐든지 좋아할 때 머리띠까지 샀다. '딸이라도 이 머리띠를 하지 않겠어?' 했지만 딸은 머리띠를 싫어한다. 결국 우리 집 누구도 한 번 해본 적이 없다. 그냥 좋다고 덥석 사는 게 바보지. 요즘은 우리 집에서 내보낼 물건들을 왕창 찾아놓고 하루하루 그 물건들을 그리면서 내 마음을 정리하고 있다. 어떤 건 이상하게도 그림을 그리고 나서 애착이 생기는 바람에 차마 버리지 못하겠다. 생전 안 쓰다가 그림을 그리며 애정이 새록새록 돋아나기도 하는 모양이다. 하지만 이렇게 글을 쓰다 보면, 역시 버리자는 결론에 도달한다.

8 x 9

남편이 사준 스트라이프 타이트스커트

남편이 일본 여행을 갔다가 사 왔을 때부터 허리가 딱 맞아 좀 불편했던 치마다. 이젠 단추도 채울 수 없을 지경이다. ……혹시 딸이 이 치마가 좋다고 하면 어쩌지? 지금은 자고 있으니까 내일 아침에 물어봐야지. 만약 딸이 좋아하면 이 페이지는 아웃. 예전에는 남편 혼자 여행을 가기도 했는데 이젠 나이가 들었는지 혼자 하는 여행은 너무 외롭다고 말한다. 나 홀로 여행이라…… 결혼 전에 몇 번 했을 뿐 나도 안 해본 지 이십 년이 넘었구나. 언젠가 한 번쯤은 나도 다시 홀로 여행을 떠나보고 싶어진다. 하지만 이 치마에는 어쩐지 혼자 여행해야 했던 남편의 외로움이 묻어나는 듯해 기분이 짠하다.

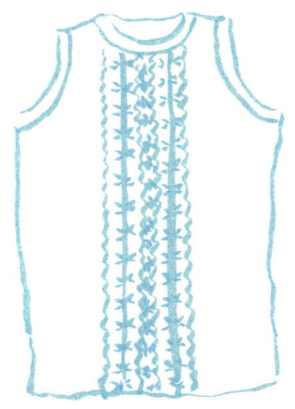

8.10

앞섶에 레이스가 달린 하얀색 민소매

어제 그 치마는 딸도 거부했다. "흠, 예쁘긴 한데…… 왜, 엄마가 입지? 나는 안 입을 것 같아." 이 하얀 민소매 옷도 예전 하와이 여행에서 할인하기에 나중에 딸이 자라면 입히겠다고 미리 사뒀다. 하지만 딸은 정작 입지 않겠다고 하고, 나라도 입어볼까 했지만 결국 새것인 채로 버려진다. 옷을 살 때 나중을 생각한다는 건 정말 바보 같은 짓이다. 처음부터 필요한 옷을 사도 얼마쯤 지나면 잘 안 입게 되는데 나중이라니! 나중은 영원히 오지 않는다. 그래도 아직 예쁘고 새것이니, 누군가는 너를 예쁘게 입어줄지도 몰라!

8. 11

흰색 실로 수놓은 검정색 면 티셔츠

홍대 거리를 아무 생각 없이 걷다가 티셔츠에 수놓아진 문장이 마음에 스며들었다. Look for your place and run towards it... 한동안 거의 매일 입다시피 했지만 이젠 허리와 팔뚝에 살이 붙어서 꽉 끼고 배꼽이 보이려 한다. 쥐도 새도 모르게 근 오 년 동안 살이 불어나기 시작했다. 하도 천천히 쪄서 내가 찐 사실조차 느끼지 못했는데 이런 옷을 입으면 다 티가 난다. 이 옷을 입을 때보다 6kg이나 쪄버렸다. 살을 빼서 다시 입기에는 좀 무리한 수치. 하지만 티셔츠의 글귀는 여전히 좋다. "너만의 장소를 찾아 그곳으로 뛰어라..."

8. 12

새 키보드를 선물받아 더는 쓰지 않는 예전 키보드

아침에 친구가 급하게 도움을 구하는 문자. "혹시 남는 키보드 있는 사람! 냥이가 물을 엎어서 갑자기 키보드가 말을 안 들어!" 너무나 신난 내가 당장 답장을 보냈다. "저요, 저요, 저요!" 지난해 컴퓨터 본체를 바꾸면서 새 키보드를 선물받아 멀쩡한데도 한쪽으로 밀쳐진 예전 키보드가 번쩍 떠올랐다. 뭐든 잘 버리지 못하는 내 고질병도 쓸모가 있었다! 이 키보드를 까맣게 잊고 있었는데 이렇게 기쁜 마음으로 전하고 저렇게 유용하게 쓰일 수 있다니 그동안 보관하기를 정말 잘했다. 친구는 여태 안 버리고 잘 가지고 있어줘서 고맙다는 칭찬까지 듬뿍 쏟아냈다. 키보드야, 새 주인과 함께 남은 수명을 다하거라. 말복이라 너무 더워 비키니를 속옷처럼 입고 그 위에 원피스를 덧입었다. 찬물을 받아놓은 욕조에 언제든지 풍덩 뛰어들 수 있도록. 나 혼자 즐기는 피서 노하우.

8.13

여름이면 교복처럼 입곤 했던 치마

이 치마를 보면 꼭 생각나는 언니들이 있다. 언니들과 처음 만난 날에도 이 치마를 입었고, 술을 엄청나게 마시고, 홍대 거리를 쏘다녔다. 한 번 마시면 꼭 끝을 보고 달려가던 시절. 그들 중 한 사람을 지난해 친구 작업실에서 오랜만에 다시 만났는데도 어제 본 듯 생생하고 반가웠다. 그런 사람이 있다. 언제 봐도 어색하지 않고, 그동안 왜 연락하지 않았냐고 채근하지 않는다. 그저 지금 만났다는 게 반갑기만 한 사람……. 오늘은 내 생일이라 남편과 둘만 나가서 밥도 먹고 술도 한잔했다. 멋을 좀 냈지만 생일이어도 별 감흥이 없는 나이다. 덥기만 하다. 이런 무더위에 나를 나으시느라 우리 엄마, 고생 꽤나 하셨겠네. 감사합니다, 오마니. (옷을 그리다 보면 정작 입을 때는 전혀 몰랐던 세세한 무늬들까지 알게 된다. 예전에는 미처 몰랐던 예쁜 무늬들)

8.14

어마어마한 양의 골판지들

남편이 전시를 기획하면서 모으기 시작한 택배 상자들이 엄청나게 쌓였다. 남편이 평소 이베이www.ebay.com 구매를 즐기는지라 세계 곳곳에서 온갖 상자들이 다양한 우표들을 달고 우리 집으로 배달되어 왔다. 남편은 그 뒷면이나 앞면을 활용해 그림을 그리겠다며 지난해 겨울부터 모으더니 방 구석구석, 거실 구석구석 모두 빈 상자들이다. 이 정도면 전시를 열 번도 더 열겠다! 특단의 조치, 내가 나서서 과감하게 버려주기로 했다. 반나절을 상자만 정리했다. 박스 아줌마가 된 기분이다. 도저히 그냥 밖에 내놓을 수조차 없이 어마어마한 양이다. 내일은 이 상자들을 직접 차로 고물상에 가져다줄 생각이다.

8.15

귀여운 소녀들이 인쇄된 가방

누구에게 받았는지 전혀 기억나지 않는 가방인데 라벨까지 붙어 있다. 그런데 참 이상도 하지. 꼭 버리려고 마음먹으면 미련이 슬금슬금 생겨난다. 며칠 고민하다가 새것일 때 새 주인을 찾아주기로 했다. 쓰지도 않으면서 가지고 있는 건 바보 같다. 이제 버릴 물건들의 기준을 좀더 넓혀야겠다. 아무리 미련이 남아도 앞으로 사용하지 않을 게 뻔한 것까지. 오늘 이것을 버렸으니 내일은 저것도 버릴 수 있겠지. 이수진 씨의 소설 『취향입니다. 존중해 주시죠』를 읽고 반성 중이다. 나도 내 취향을 혼자 우월하다고 자만하지 않는지, 내 취향을 은연중에 다른 이들에게 강요하지 않는지 생각해 본다.

8.16

플레이모빌 상자를 뺀 나머지 상자들

어제 고물상이 문을 닫아 차에 아직 상자가 실린 채로 있다. 이참에 나머지 상자들까지 더 정리했다. 그러나 플레이모빌 상자만큼은 못 버리겠다. 플레이모빌은 상자까지 나를 설레게 한다. 내가 잔뜩 쌓아둔 상자들을 보더니 엄마는 "이 상자들을 계란으로 바꾸면 동네잔치를 열고도 네 친구들한테까지 나눠줄 수 있겠다!"고 말했다. 엄마의 말에 탄력받아 그저께부터 모은 상자들을 몽땅 차에 꾸겨 넣고 고물상으로 출발했다. 운전석만 제외하고 내 차는 상자들로 꽉 차 있다. 백미러도 보이지 않지만 고물상이 가까우니 조심조심. 햐~ 계란을 나눠주다니 멋진 생각이야! 누구도 주고 누구도 주고 누구도 줘야지. 그러나…… 어마어마한 양의 상자는 그 무게만 24킬로그램이나 되지만 값은 고작 2400원. 계란 한 판이 얼마냐고 물으니 4400원. 그러니까 계란 한 판도 살 수 없다는 이야기다. 지갑도 없이 빈손으로 간 나는 차에 있는 잔돈을 긁어모아 간신히 계란 한 판으로 바꿔 왔다. 폐지가 이렇게 쌀 줄이야. 폐지를 모으는 어르신들이 정말 힘들게 돈을 버시는구나. 폐지 아저씨한테 상자들을 전부 드릴걸. 후회와 반성의 날이다. 계란은 억울해서라도 꼭 나눠 먹어야겠다.

8.17

뭔가를 샀는데 딸려 온 가방

원하지 않아도 거저 생기는 물건들이 있다. 이렇게 생기는 것조차 별로 달갑지 않은. 이런 물건들은 얼마나 더 남아 있고, 앞으로 얼마나 더 생길까?

8.18

올리브그린 면 블라우스

팔꿈치 위아래로 들어가 있는 고무줄이 너무 조인다.
이젠 예쁜 옷이라도 불편하면 싫다.

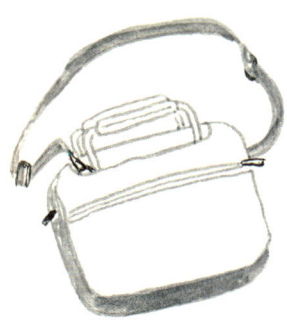

8.19

얇은 망사 재질 블라우스, 고민 끝에 버리기로

꽃 패턴이 마음에 들어 사 년 전부터 입지 않았는데도 여태 버리지 못하고 서랍에 넣어뒀다. 예전의 나는 화려한 스타일이었구나. 지금은 이리 현란한 무늬가 부담스럽다. 나이가 들어서 그런 걸까? 아니면 취향이 변해가는 걸까? 블라우스를 그리는 동안에도 꽃 패턴이 여전히 예쁘다고 감탄하지만, 그렇다고 다시 입지는 않을 것 같다. 내가 점점 변하고 있다는 것이 느껴진다. 앞으로 얼마나 다른 내가 존재하게 될까? 궁금하고 기대되는 밤이다.

8.20

카드용 지갑

신용카드부터 백화점 카드, 적립 카드, 할인 카드, 멤버십 카드 등등 나날이 늘어나는 온갖 카드들을 감당할 수 없어서 카드 전용 지갑을 따로 샀지만…… 점점 밖으로 출입할 일이 없어진다!

8.21 - 8.22

은색 밤비가 반짝이는 검정색 쫄티
몸에 착 달라붙는 하얀색 면 와이셔츠

한때 몸에 달라붙는 상의만 입었던 적이 있다. 내 체형이 하체 비만형이라 늘 아래는 치마나 헐렁한 바지, 위는 꽉 끼는 티셔츠나 와이셔츠를 고집했다. 지금도 체형이 별로 달라지지 않았지만 몸에는 전체적으로 두루뭉술 살이 붙었고, 그에 맞춰 취향은 좀더 자연스러워졌다. 몸에도 옷에도 여유가 생겼다고 할까. 예전에는 딸이 입을지 모른다고 구태여 간직했던 옷들이지만 이제 나보다 더 커버린 딸에게도 아무 소용이 없어졌다. 엄마 옷장에서 엄마가 처녀 적, 혹은 나 어릴 적 입었다던 옷들을 꺼내 입으면 기분이 묘해지곤 했다. 딸에게도 그런 엄마 옷장을 만들어주고 싶었는데 내가 작아도 너무 작다.

8.23 - 8.24

**라벨이 그대로 붙어 있는 탱크톱 민소매
역시 예전에 이모네 수출 상자에서 찾은 면 민소매**

미국에 옷을 수출하는 회사에 다니는 이종사촌 이모는 어릴 적부터 상자째 옷을 가져다주곤 했다. 재질도 내가 좋아하는 면 종류의 별 장식 없는 미니멀한 옷들. 이모가 우리에게 투척한 그 상자들은 대부분 회의용 견본품들이라 모양도 크기도 다 제각각이다. 미국에 수출하는 옷들이라 그런지 대부분 컸지만 말이다. 내 마음에 드는 옷을 고르는 게 아니라 일단 내 몸에 맞는 걸 찾아내는 기분이었다. 어제오늘 버린 옷들은 L 사이즈인 걸 보니 누군가에게 주려고 일부러 챙겼겠지만 내가 직접 산 게 아니라 잊고 있었다. 입어본 적 없는 옷은 추억이 없어 버리기도 쉽구나. 날마다 뭔가 버릴 것을 찾는 요즘은 이런 옷이 많이 나오면 좋겠다. 겨울옷도 뒤져봐야지.

8.25

모직 A라인 스커트

날이 조금씩 선선해지기 시작한다. 볕은 따갑지만 아침저녁으로 선선한 바람에 벌써 가을 내음이 실려 있다. 그래서 슬슬 뒤지기 시작한 겨울옷들. 체크무늬를 좋아해서 교복처럼 입던 치마인데, 이젠 내 허리가 이 치마를 감당할 수 없다. 훅이 간신히 잠기긴 하지만, 이 치마를 입고 뭐라도 먹는 날에는 전날 먹은 음식까지 도로 다 나올 만큼 꽉 조인다. 옷들을 정리하다 보니 그냥 버릴 옷, 여기에 기록으로 남긴 후 버릴 옷, 버리긴 해야겠는데 아직 망설여지는 옷으로 분류된다. 왜 입지도 않는 옷들을 이리 많이 쌓아두고 살았을까?

8. 26

엄마가 사준 공단 누빔 지갑

엄마는 자신이 실용적이라 생각하는 예쁘고 특이한 소품들을 대량으로 구입해 친구들에게 나눠주는 고상한 취미(?)를 가지고 있다. 소소해서 남들은 그냥 지나치는 물건들을 엄마는 잘도 찾는다. 그래서 엄마의 선물은 항상 우리에게 즐거움이다. 이 한국적인 공단 지갑도 그중 하나, 여태 쓸 일이 없어서 서랍에 고이 모셔져만 있었다. 내 소품들도 좀 처분해야겠다. 책상 위, 책장 앞, 사방의 자투리 벽에 장난감과 잡동사니들이 그냥 놓여 있는 것도 모자라 주렁주렁 매달려 있다. 문제는 그것들을 정리할 필요가 있다는 걸 내 이성은 알지만 내 마음은 아직도 두근거린다는 것! 정리할 손은 차마 못 대겠다.

8. 27

피카소 그림이 있는 메모지

어느 날 남편이 선물한 재미있는 메모지다. 한 장씩 뜯으면 파블로 피카소의 얼굴이 위에서부터 스르륵 없어진다. 머리부터 차례차례 사라지는 것이 어쩐지 아깝기도, 잔인하게도 느껴져서 서너 장만 뜯어 쓰곤 못 썼다. 아무렇게나 뜯어 쓰는 상상만 하면서. 메모지를 메모지답게 과감히 뜯어 쓸 수 있는 용기를 가진 사람이 이 메모지의 진정한 주인이다. 나는…… 주인이 아니다.

8. 28

뚜껑을 컵으로 쓸 수 있는 유리 물병

한때 좀 사용하다가 물을 많이 마시는 우리 집 식구들에게는 너무 작아 식기장에 다시 들여놓은 물병. 깨끗하게 닦아놓으니 예쁘네. 이 물병처럼 언젠가 필요한 때를 위해 대비하고 있는 대기조 물건들로 모든 수납장이 터질 것만 같다. 더 이상 요긴하게 쓰일 때를 마냥 기다리라고만 할 수는 없다.

8. 29

멕시코산 조개 목걸이

멕시코 해변 칸쿤에서는 자잘한 목걸이와 반지를 파는 상인들이 마구잡이로 다가온다. 지금 키의 절반보다도 작았던 여섯 살 딸이 그런 칸쿤 상인들의 좌판에서 이 조개 목걸이를 골랐다. 액세서리가 너무 많아졌지만, 작은 기억이라도 얽혀 있는 건 선뜻 버려지지 않는다.

8.30

리바이스 에코백

에코백은 왜 이리 많이 사고, 생기고, 주고받는 걸까? 전시나 영화를 볼 때, 재미있는 장난감 가게에 갈 때, 새로운 도시를 방문할 때, 마음에 드는 책방에 갈 때……마다 모아온 에코백들이 집에 넘친다. 그중에서 쓰지 않는 건 절대 안 쓰면서 쉽게 버리지도 못한다. 일단 부피가 작은 데다가 에코백마다 제 나름의 상징을 하나씩 가지고 있기에 그냥 쟁여두기만 할 뿐이다. 저 에코백은 그 도시가 떠오르고 그 에코백은 저 영화가 생각난다. 이래서야 이 가방에 에코echo라는 말을 쓰는 게 맞나 싶다. 그나마 어렵게 골라낸 리바이스 에코백은 크기도 적당하고 재질도 좋지만 특별한 추억이 없는 가방이라, 버릴 수 있다. 아, 점점 버리기 힘든 요즘이다.

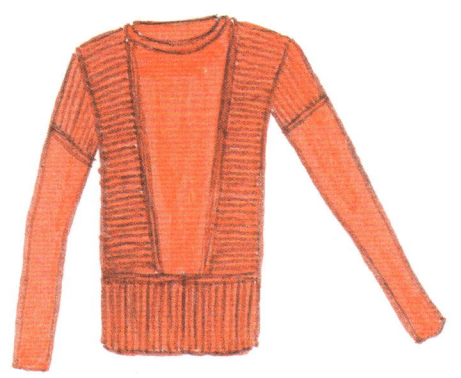

8.31

몸에 꼭 맞는 형광다홍색 스웨터

예전에는 어쩌면 저리도 몸에 딱 맞게 입었을까? 굉장히 좋아했던 옷이고 부드러운 촉감이 좋아서 해마다 만지작거리기만 하다가 지난겨울에 다시 한 번 입었는데 몸의 굴곡이 고스란히 드러나 민망했다. 육감적으로 보이게 해주는 옷이 좋았던 시절이 있었다. 조금 천박해도 예쁠 수 있는 유일한 시절. 이제 내게서는 지나간 시절. 나는 지금 헐렁한 옷이 우아해 보이는 시절에 서 있다. 영화 〈엘리시움〉을 봤다. 황폐해진 미래의 지구. 그곳에서 선택받은 상위 1퍼센트 사람들만 인공 우주인 엘리시움(천국이라는 뜻)에서 산다는 이야기. SF인데도 그런 미래가 올까 봐 마음이 무거워진다. 머지않은 시간에 슬프고 괴로운 지구가 있을까 봐.

9 x 1 - 9 x 30

나눔
세상에서 가장 아름다운 낭비

요즘에는 버릴 물건들을 하루나 이틀 직접 착용(혹은 사용)해 본다. 그러다가 혹시 새 주인이 나타날지도 모른다는 생각 때문이다. 내가 지닌 물건에 대해 누군가가 칭찬하거나 관심을 보이기만 하면 곧바로 건네줄 수 있도록 말이다.

대학 시절, 한 선배가 술자리에서 귀걸이를 빼주는 광경을 본 적이 있다. 누군가 선배의 귀걸이를 칭찬하자 선배가 그 자리에서 선뜻 내주었다. 아직 술은 마시지 않았고 선배는 그날 모인 대부분과 처음 만나는 자리였는데 말이다. 더운 여름날이었는데도 그 순간 나는 옥상에서 떨어지는 물 폭탄을 맞은 것처럼 놀랍고 시원했다.

선배는 어떤 기분으로 자기 귀걸이를 그토록 쉽게 내줄 수 있었을까? 그날 이후 나도 선배처럼 꼭 한 번은 내 것을 선뜻 내주리라 마음먹었는데 그런 일은 좀처럼 일어나지 않았다. 그게 생각처럼 간단한 일이 아니었다.
그런데 요즘, 나도 그런 삶을 살고 있다. 막상 내가 지닌 것을 내주니 비 온 뒤 물웅덩이를 골라 첨벙첨벙 물을 튕기며 뛰어다니는 기분이다. 야호! 요즘 내 삶은 전보다 조금 더 즐거워졌다. 나는 내게 필요 없는 물건을 버려서 좋고, 내가 버리는 물건은 새 주인을 만나서 좋고, 새 주인은 내가 버린 물건이 필요해서 좋다. 이보다 완벽한 재활용이 있을까.

9.1

멕시코식 성모상 마그네틱

재미있거나 신기한데 값이 싸기까지 한 것들은 두 개 이상 사게 된다. 혹시 잃어버릴까 봐, 누구에게 주고 싶어서, 낡으면 다시 꺼내 쓰려고. 이 성모상 마그네틱은 다른 사람들과도 나눠 갖고 싶어 멕시코에서 여러 개를 샀다. 멕시코에만 존재하는, 피부색이 까만 성모님이라니 신기하지 않은가. 과달루페라는 곳에서 성모님이 출현해 그 지역 이름을 따서 과달루페 성모상이라 부르기도 한다. 그런데 이제 보니 이 마그네틱의 성모님 얼굴은 까맣지가 않다. 그저 동양인의 얼굴일 뿐이네. 어떻게 된 거지? 멕시코에만 존재하는 또 다른 성모님도 있나? 아무튼 같은 물건도 하나씩만 남기고 치우자. 드디어 올해 초에 출판사에 넘긴 내 그림책 『판다와 내 동생』이 출간됐다. 오래 작업했고 오래 기다렸더니 기운이 약간 빠지지만 내 책이 나온다는 것은 언제나 즐거운 일이다. 야호!

9.2

은 발찌

은이라는 사실도 오늘에야 알았네.

9.3

신식공작실에서 만든 구슬 목걸이

투명하게 반짝이는 구슬만 보면 설렌다. 하지만 이렇게 알록달록한 구슬 목걸이를 내가 걸면 주책으로 보일 것 같다. 예전에는 감각 있다는 소리를 듣게 해준 목걸이인데 말이다. 주책과 감각은 한 끝 차이구나. 그래도 이렇게 나이 들기는 더 싫다. 친구가 학부모 모임에 나가서 어떤 엄마에게 "어머, 반지가 예쁘네요? 은이에요?" 물었더니 그 엄마가 대답하길, "어머! 나이가 몇인데 은을 해요? 이건 백금이에요!" 했단다. "그걸 은이라고 생각하다니, 어쩐지 창피했어"라고 말하는 친구. 친구야, 괜찮아. 우리는 그렇게 나이 들지 말자고!

9_x4

핸즈 워미

벌레같이 생겨서 '워미'일까? 도쿄 도큐핸즈TOKYU HANDS에서 구입한 아이디어 상품이다. 그곳은 재미나고 신기한 물건들이 어찌나 많은지 한 번 가면 정신을 잃고서 돌아다니게 된다. 타올만 걸 수 있는 목욕탕용 옷걸이, 피 위에 속을 올려서 접기만 하면 만두가 뚝딱 만들어지는 만두 메이커, 생선만 찔 수 있는 실리콘 생선찜기, 마당에서 새를 쫓을 수 있는 사인판 등등. 아니 뭐 이런 것까지. 하며 놀라게 되는 상품들이 널려 있다. 그런데 그게 사실 그리 쓸모 있지는 않다. 비닐봉지 안에 들어 있는 것이 무거워 손잡이가 너무 늘어나 손가락이 아플 때 사용하는 핸즈 워미도 자주 쓸 것 같았지만 잘 안 쓰게 된다. 나와 달리 유용하게 써줄 다른 누군가에게로!

9 ₓ 5

청치마 (청바지를 잘라 청치마로 만드는 게 한때 유행이었다)

'청'이 아니면 옷이 아닌 것 같았던 시절 청바지, 청치마, 청셔츠, 청트렌치코트까지 입었는데…… 이젠 못 입겠다. 청옷이 다시 유행한다는데 어쩐지 청은 요란하지 않아도 젊음을 유난스럽게 드러내는 것 같다. 아니면 그 뻣뻣한 불편함을 참을 수 없어진 걸까? 몸이 불편하면 마음도 불편하고 괜히 화가 난다. 내가 스스로 내 몸을 최대한 편하게 유지해 줘야 즐거워진다. 이제 나는 편안한 소재에 부드럽고 잘 구겨지지 않는 옷이 좋다. 고양이 털이 잘 묻지 않는 재질과, 고양이 털이 묻어도 잘 보이지 않는 색감이라면 더 좋은, 그렇게 헐렁한 사람이 되었다.

9 x 6

검정 꽈배기 무늬 토글 단추 니트

재작년에 딸이 토글 단추(일명 떡볶이 단추)가 달린 니트를 입고 싶다기에 사줬는데 안 입는다. 나라도 입어야지 싶어 딸 옷장에서 내 옷장으로 가져다 놓았지만 나도 잘 입어지지 않는다. 날이 부쩍 쌀쌀해지니까 약간 고민스럽지만 이런 토글 단추도 어제의 '청'처럼 느껴진다. 사십 대 아줌마가 갈래머리를 하고 교복을 입은 것처럼 웃길 것 같다.

9.7

멕시코에서 산 구슬 머리핀

나는 짧은 머리를 선호하지만 이 년에 한 번꼴로 머리가 딱 묶이는 정도까지만 기르곤 한다. 지금은 짧은 커트, 게다가 내가 꽂기에는 너무 화려하다. 그래서 일단 버리기로. 요즘 버리는 것들을 쭉 훑어보니 모두 젊은 시절의 내 취향들이다. 나는 젊었던 시절의 나를 버리고 있었다. 이렇게 한 단계 성숙하고 있다고 생각해도 될까? 오늘은 딸과 딸 친구들을 데리고 청계천에서 열리는 김조광수 감독의 동성 결혼식에 다녀왔다. 그런데 그 신나고 재미있는 결혼식에서 누군가 오물을 투척했다. 자신과 다르다는 이유만으로 비난하고 욕하는 사람들이 있어도 그들의 결혼식은 아름답고 꿋꿋했다. 딸과 딸 친구들은 '다름'을 존중할 줄 아는 어른으로 자라길 기원하며 청계천 다리 밑에서 피로연 파티 연주에 맞춰 막춤을 췄다.

9.8

역시 멕시코산 파란 돌과 까만 돌 목걸이

멕시코까지 가서 결국은 버리게 될 물건들을 많이도 사 왔구나.

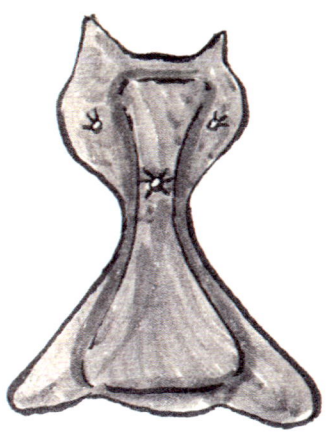

9 x 9

고양이 은 브로치

닦으면 반짝이는 은. '금'은 과하게 번쩍이는 것 같고 '은'은 귀엽게 반짝이는 것 같아서 나는 금보다 은이 좋다. 그래서 은 가게를 보면 꼭 구경한다. 이 고양이 브로치는 고양이를 키우기 전, 고양이를 만지지도 좋아하지도 않으면서 고양이 모양만 좋아했던 때 홍대 앞에 있는 은 가게에서 샀다. 그런데 그때 나는 이 고양이 브로치가 정말 예뻐 보였을까? 왠지 은 고양이의 표정이 마음에 안 든다. 자꾸 보니 뭔가를 숨기는 듯 알쏭달쏭해진다. 누구든 뭔가를 숨기고 있다고 생각하면 기분이 나쁘지. 아무리 고양이여도 안 되겠네.

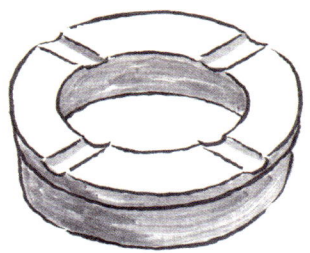

9 x 10

베트남에서 산 알루미늄 재떨이 (재떨이로는 한 번도 사용하지 않았다)

이 재떨이는 분명 재떨이로 태어났지만 내 책상 위에서 작은 지우개나 클립같이 자질구레한 물건들을 넣어두는 용도로 뚱딴지같이 사용됐다. 헤비 스모커heavy smoker인 우리의 담뱃재를 감당하기에는 재떨이가 너무 작고 귀엽다. 재떨이로 태어나 담배 맛도 한 번 볼 기회가 없다면 억울하지 않을까? 이 기회에 제 구실을 하라고 담배 좀 덜 피는 새 주인에게 놓아줘야지. (베트남 벤탄 시장에는 이 재떨이처럼 옛 생각을 떠올리게 하는 싸구려 재질의 재미있는 물품들이 많다)

9.11

남편이 만든 도자기 인형, 유령 고양이

아이러니하게도 내 방은 날마다 하나씩 버리기로 결심한 후 더 지저분해졌다. 버리기 위한 일기를 쓴답시고 집 안을 들쑤셔 물건들을 꺼내놓고서는 또 다른 버리는 상자에 넣고 있으니 별도리가 없다. 게다가 그 상자들이 점점 늘어나고 있으니 어쩌면 내 방이 어수선해지는 것은 당연한 수순일지도. 이런 난감한 상황에서 길고양이를 위한 펀드 기금을 마련하기 위해 구월 말에 벼룩시장을 열기로 했다. 드디어 여태 '버리는 상자'에 담겨진 물건들이 진짜 갈 곳이 정해졌다! 이젠 팔릴 만한 물건들을 모아서 버려야지. 어차피 일이천 원에 팔기로 했지만 고양이를 위한 벼룩시장이니 좀더 신경 써보자. 그리하여 남편의 동의하에 내 방을 떠나게 된 유령 고양이 두 마리. 어쩐지 한 아이는 웃는 것 같고 또 한 아이는 심각해 보이는 두 마리가 묘하게 잘 어울린다. 남편의 작품이니 멋진 주인을 만나길 특별히 바란다.

9.12

도련님이 제작한 카멜색 털코트

사십 대 아줌마가 입기에는 너무 귀여운 코트다. 자꾸 그렇게 생각하게 되는 것이 억울해 '어째서 사십 대에는 귀여우면 안 될까?' 하고 생각해 봤더니 옷이 귀여우면 그 옷을 입은 사람이 더 늙어 보이더라는 결론에 도달했다. 그래서 아무리 어려 보이게 입어도 옷 가게에서는 손님의 나이를 짐작할 수 있나 보다. 나에게도 언젠가 동네 아주머니 취향의 옷 가게를 기웃거려야 하는 날들이 오는 걸까? 정녕 그런 날들만 나를 기다리는 걸까?

9.13 - 9.14

남편과 내가 제작한 레고 배지
레고 배지 두 개 더

길고양이 펀드 기금을 마련하기 위한 벼룩시장을 준비하는 요즘. 그동안 내가 버린 물건들을 찬찬히 살펴보니 너무 이상하고 허접스럽다. 한때 내게 소중했고 나름대로 버리기 아까운 것들만 그려서 버리는데도 이것들을 누가 돈 주고 사려 할까 싶다. 이래서야 기금을 모을 수 있을지 걱정이다. 그래서 오늘부터는 예쁜 물건들을 버리기로 했다. 그 첫 번째가 내가 사랑하는 레고 배지! 재작년 겨울에 남편이 레고 위에 쓱쓱 그려놓은 그림이 좋아서 아예 배지로 만들었다. 당연하고 마땅하겠지만, 나는 남편인 우일의 그림을 더없이 좋아한다. 그가 그린 그림들의 자유로운 선, 망설임 없고 자신감 넘치는 선이 기분 좋다. 아이의 그림처럼 순수하게 느껴진다. 그래서 그해 겨울에 남편과 레고 배지를 정말 많이 만들었는데 다 어디 갔는지 이게 전부다. 아마도 이 옷 저 옷들에 다 달려 있을지 모르겠다. 예쁘다는 것도 개인적인 취향이라 레고 배지를 아무도 좋아하지 않을 수 있다는 걸 알지만 다시 봐도 이렇게나 예쁜걸. 왠지 이 배지들은 잘 팔릴 것만 같다. 남편을 꾀어 더 만들어야겠다.

9. 15

아시시에서 구입한 풍경

토속적인 물건을 좋아하는 나를 보고 남편은 '원주민 스타일'이라 놀린다. 아무리 봐도 나는 이런 것들이 예쁘기만 한데 그렇지 않은 사람도 있다니 그게 더 놀랍다. 이탈리아 아시시의 어느 가게. 화려하고 토속적인 남미풍 물건들이 대부분인 가게 분위기에 이끌려 들어간 곳에서 이 풍경을 샀다. 문에 걸어두면 바람에 살랑거리며 달랑달랑 소리와 빛을 뿌린다. 비슷한 풍경이 또 하나 있어서 이 풍경은 벼룩시장에 내놓기로 한다. 가게 여주인이 생각난다. 나이가 지긋한 여주인은 집시풍 마녀 원피스를 입고 허연 머리를 염색도 안 한 채 길게 늘어뜨리고 있었는데 그 모습이 멋지고 편안해 보였다. 나도 그렇게 자연스레 늙고 싶다.

9.16

할로윈 호박 전구

일본이었는지 유럽이었는지 가물가물하다. 아무튼 여행 중에 산 것만은 분명하다. 우리나라에서는 할로윈 파티를 하지도 않는데 나는 왜 이런 걸 샀을까? 크리스마스 때라도 이 할로윈 전구를 달아볼까 매번 고민하지만 어쩐지 크리스마스와는 어울리지 않는 것 같다. 새로운 파티 분위기를 연출하는 데 이용할 수도 있겠지만, 나는 파티를 준비하다 보면 음식 때문에 조명까지 신경 쓸 여력이 남지 않는다. 부지런한 누군가에게 가서 사랑받으렴.

9.17

중국 장가게의 노촌 상인에게 강매당한 목걸이

벼룩시장에 내놓을 물건들을 정리하다가 깨달은 게 하나 있다. 추억만이라도 남기려고 그린 후에 버리는 물건들보다 아무 느낌 없이 버릴 수 있는 물건들이 훨씬 멀쩡하고 좋아 보인다는 사실. 여기에 그려진 것들은 우리와 얽히게 된 사연만 남다를 뿐 낡고 소소하고 잘 팔릴 것 같지 않은 물건들 투성이다. 그래서일까, 사연 없는 물건일수록 그냥 바로 남을 주기에도 꿀리지 않는다. 이 목걸이는 딸과 단둘이 떠난 중국 여행에서 길거리 상인이 떠넘기다시피 우리에게 강매했다. 말이 안 통하니까 막무가내로 들이밀면 별수 없이 팔 수 있을 거라고 생각했을 만큼 우리가 허술해 보였을까? 아무튼 그 상인, 관상 좀 볼 줄 안다. 목에 걸고는 절대 다닐 수 없게 화려하지만 그런 기억 한 자락 덕분에 여태 가지고 있었다.

9. 18 - 9. 20

방콕 카오산 로드에서 산 손가방
푸켓 파통 비치에서 산 코끼리 가방
베트남에서 산, 코끼리가 기계수로 놓인 작은 가방과
더 작은 가방 세트(붙였다 뗐다 할 수 있다)

내 서랍장 속에는 동남아시아에서 산 작은 가방들이 아주 많다. 그 가방들에는 제각기 다른 시간, 다른 공간, 다른 풍경에 대한 기억들이 스며 있다. 다 예쁘고 귀엽지만 현실 세계에서는 별로 쓰이지 않는 가방들, 길고양이를 위해서니까 기꺼이 내놓는다. 벼룩시장 열리는 날이 다음 주라 남편과 함께 틈틈이 레고 브로치와 장난감 브로치를 만들고 있다. 버리기도 힘든데, 버릴 물건을 스스로 생산까지 해야 하다니. 그래도 이런 일은 즐겁다.

9.21

손으로 직접 꽃수를 놓은 가방

십 년 전 쿠바에 갔을 때 딸은 여섯 살이었고, 그곳 사람들은 흔치 않은 동양 여자아이를 보고는 호들갑을 떨며 '도자기 인형'이라 불렀다. 딸만 지나가면 다들 신기해하며 안아보고 싶어 했다. 그곳의 거리에서 그때의 딸이 골랐던 가방이다. 우리 집에는 정말 물건이 넘쳐나는구나. 그곳 현지인들은 비누도 샴푸도 볼펜도 없다면서 여행객인 우리에게 손을 벌리곤 했다. 지구라는 같은 행성이지만 너무나 다른 환경에서 다른 모습으로 살아가는 사람들. 생필품을 배급받을지라도 음악과 춤을 사랑하는 사람들. 세상에는 이렇게 다양한 사람들이 공존한다.

9.22

이 년 전까지 우리 집 어느 벽에 걸려 있었던 인도풍 장식 커튼

이제…… 우리 집에는 이런 장식 커튼을 달 만한 빈 벽이 없다.

9.23

'어둠속의 대화' 에코백

연대 앞 어느 빌딩에 아주 캄캄한 체험 전시가 있다. 빛을 완벽하게 차단한 암흑에서의 90분. '어둠속의 대화'는 마스터(시각장애인)의 인솔하에 여러 명이 한 조가 되어, 보는 것을 제외한 모든 활동 '걷고 만지고 듣고 느끼고 맛보기'를 하며 각자 체험하는 독특한 전시다. 물컹한 건 더 물컹하고, 딱딱한 건 더 딱딱하다. 맛도 내가 알았던 그 맛이 아니다. 시각을 차단하고 다른 모든 감각을 곤두세워서일까? 시각을 버리니 다른 신경들이 깨어나는 게 느껴졌다. 눈을 감았더니 더 많은 게 보인다.

9. 24

친구네 가게에서 산 친구표 가방
("그 가방, 어디서 샀냐?"는 질문을 꼭 들었던 가방)

많이 좋아해서 한때 책가방처럼 들고 다녔던, 내 친구 수희가 만든 가방이다. 수희는 손이 야무져서 수희네 가게에 가면 예쁘고 정갈한 가방이 가득했다. 수희가 만든 가방들은 모두 탐났지만 이 가방은 그중에서 가장 아끼던 것이다. 하지만 요즘 나는 에코백, 아니면 시장 가방. 이리 앙증맞은 가방을 든 내가 잘 그려지지 않는다. 나도 가방에 욕심부린 적이 있다. 예쁘장한 가방을 모으고 명품 백을 사기도 했다. 삶의 질에 관심을 두기 시작하면서부터 물욕이 조금씩 거추장스러워졌다. 브랜드나 물건에 대한 욕심도 같이 없어진다. 자존감이 높을수록 명품에 관심이 없다던데 요즘 나, 자존감이 너무 높아진 것 아냐?

9.25

폴프랭크 캔버스 가방

삼 년 전에 베이징 후퉁 거리를 걷다가 폴프랭크 매장을 발견했다. 후퉁 거리는 베이징 중에서도 유난히 재미있는 거리다. 멋진 카페도 많고 아기자기한 가게도 많은, 옛 모습을 간직한 거리라서 마차를 단 인력거도 다니는데 폴프랭크라니……. 그때 딸이 폴프랭크 원숭이에 푹 빠져 있을 때라 반가운 마음에 이것저것 구입했다. 하지만 베이징에서만 몇 번 들고는 서울에서는 들지 않았나 보다. 가방이 새것 같이 깨끗하다. 벼룩시장으로! 길고양이 펀드 기금을 마련하기 위한 벼룩시장 때문에 회원들이 다 함께 모였다. 가격은 무조건 싸게 팔기로 결정했다. 대부분 일이천 원, 비싸봐야 만 원에서 삼만 원까지. 아, 돈 벌기 힘들겠구나. 하지만 여기저기서 우리 벼룩시장을 돕겠다면서 물건들을 보내주신다. 그 마음만으로도 벼룩시장은 열기 전부터 훈훈해졌다.

9. 26

행운의 부적 (드림캐처, 내 방에서 방금 떼어냈다)

행운을 상징하는 것들이 좋아 이것저것 마구 걸어놓았던 적이 있다. 부두교 제사 祭司처럼. 성모상 옆에는 멕시코 부적과 고민을 덜어준다는 페루 고민 인형이 있다. 그 벽 위에는 엄마가 준 빨간 복주머니도 걸려 있다. 언젠가 성당에서 가져온 성수, 발리에서 주워 온 행운의 조개까지 있다. 치우자. 행운은 내가 만들어가야 하는 것이니까. 사실 행운을 바라기보다는 그것들의 그림이나 모양들, 알 수 없는 문양들, 복잡한 문자들이 좋았다. 그것도 행운을 바랐기 때문에 좋아졌을까? 이젠 그런 행운도 바라지 말기로 한다. 오늘 우디 앨런이 만든 영화 〈블루 재스민〉을 보았다. 허영심을 버리지 못하는 여자, 재스민. 엘리아 카잔이 만든 영화 〈욕망이라는 이름의 전차〉에서 블랑쉬 역할을 맡았던 비비안 리가 생각났다. 역시 우디 앨런이다. 나의 페이보릿 영화감독!

9. 27

태국에서 산 목걸이 동전 지갑(또?)

길고양이 벼룩시장에 보낼 물건들을 정리하는 일이 끝났나 싶었는데 다시 뒤졌더니 또 나왔다! 이번에는 목걸이형 동전 지갑이다. 정말 많구나. 집 안 어디엔가 이런 지갑 혹은 가방이 더 있을 게 분명하다. 내일은 길고양이 벼룩시장이 열리는 날. 얼마나 많은 사람이 올지, 얼마나 많은 기금이 모일지 가늠되지 않지만, 우리를 위해 물건들을 보내주는 많은 사람들의 정성 덕분에 벌써 부자가 된 기분이다. 내일은 나만 조심하면 된다. 제발 집에 있는 물건들을 하나씩 버리는 와중에 새 물건들에 눈독 들이지 말자.

9. 28

여태 모아온 물건들을 벼룩시장에서 팔아 모두 길냥이 기금에 보탰다. 야호!

드디어 내 모든 물건을 기증한 길고양이 벼룩시장이 열렸다. 물론 다 팔리지는 않았다. 남은 것들은 전부 아름다운 가게로 직행. 몇 달에 걸쳐 버리려고 작정한 물건들을 한꺼번에 모아 하루에 없앤 소감은, 시원섭섭하다. 아무튼, 다 치웠다. 야호! 일이천 원씩 판 덕분에 꽤 많이 팔았다. 순수익이 백이십만 원. 백만 원만 넘어도 얼마나 좋을까 생각했는데 목표액을 넘기다니 이건 온전히 고양이의 힘이다. 너무나도 고단했지만 그만큼 보람찬 하루였다. 돈을 벌기는 정말 힘들더라. 진짜 아듀~ 내 물건들!

9.29

삼 년 전, 남편이 영국 테이트모던미술관에서 구입한 목걸이

남편은 혼자 여행할 때마다 꽤 많은 양의 선물(내 것과 딸 것, 그리고 자신의 것도 물론)을 사 오는 남자다. 로맨틱하군. 하지만 그 로맨틱함이 도를 넘는 경우가 많다. 남편이 대체 무슨 생각으로 샀는지 전혀 알 수 없는 화려한 드레스나 목걸이가 그 중 제일 많은 편이다. 나는 이렇게 커다란 목걸이를 좋아한 적이 없다. 그래도 나무 구슬과 플라스틱 구슬을 가죽끈으로 꿴 이 목걸이는 남편이 나를 생각하며 산 물건이기에 삼 년이 넘도록 내 방 벽에 장식처럼 걸어놓았다. 얼마 전에는 하루 종일 목에 걸고 있었으니 내 나름대로 삼년상을 치른 셈이다. 이제 남편의 마음만 여기에 남겨둔다.

9.30

상아를 조각한 목걸이

딸과 단둘이 떠난 중국 여행 중에 장가계에서 딸이 아빠 선물로 고른 목걸이다. 남편이 목걸이를 하는 걸 본 적도 없고 하고 싶어 하지도 않는데 나는 왜 딸을 말리지 않고 흐뭇하게 바라보기만 했을까? 어째서 여행만 가면 이리 쓸데없는 물건들을 사게 될까? 딸은 그저 아빠에게 뭔가를 주고 싶은 마음에 상아가 남자답다고 생각한 모양인데, 이렇게 쓰고 보니 어제의 그 엉뚱한 목걸이도 이해된다. 여행을 간 사람들은 여행지에서 괜히 들떠 기념이랍시고 주위 사람들의 선물을 사게 된다. 그 선물을 받는 사람들은 "아니, 뭐 이런 걸 다~ (쓸데없이)" 하면서도 일단은 기쁘게 받는다. 여행 선물은 늘 그런 식이다. 어쩌면 선물이란 쓸데없을지라도 피식, 하고 웃게 만드는 물건일지 모른다. 그럼 유머를 위해 이 목걸이는 남겨둘까 생각해 보지만, 이젠 별 웃음도 안 나온다.

10x 1 - 10x 31

즐거움
물욕에 지배당하지 않는 쾌감

날마다 하나씩 버리기 시작한 지 여섯 달쯤, 내 일상에 달라진 것이 몇 가지 있다. 일단 소비를 최대한 절제하고 있으며, 뭔가를 사야 할 때는 아주 신중해진다. 곧 다시 버려질 물건을 사들이는 일은 없어야 하니까 몇 번씩 가늠한다. 새로 사지 않고도 집 안에 그것을 대체할 만한 다른 물건이 있지는 않은지 곰곰이 생각하게 된다. 그러고도 꼭 필요하다면 견고하고 질 좋은 물건을 찾는다. 여러 해가 지나도 고쳐 쓸 가치가 있어야 한다.

과거에는 광고에 현혹되어 물건을 사곤 했다. 유행에 조금 동조해 주는 것도 나쁘지 않다고 생각했다. 디자인이 훌륭하면 기능 몇 가지쯤은 쉽게 포기할 수 있었다. 싸고 예쁘면 내게 필요 없는 물건도 덥석 사들였다. 하지만 이젠 물건에 쉽게 현혹되지 않는다. 내가 이미 가지고 있는 물건들을 최대한 활용하려고 애쓴다. 알렉산더 폰 쇤부르크의 『우아하게 가난해지는 법』을 읽다 보면 '자발적 가난'이라는 말이 나온다. 지구 자원이 바닥나고 있는 시대에 가난은 우리 모두가 받아들여야 하는 운명과 같다는 것이다. 그러니까 오히려 가난을 반갑게 맞이해 함께 놀 수 있는 친구로 여기라고 쇤부르크는 말한다. 정신적으로 빈곤한 '가난한 부자'가 아니라 정신이 건강한 '부유한 빈자'가 되라고, 삶은 물질로 풍성해지는 것이 아니라고 말이다. 물욕을 과감히 떨쳐내는 경험은 색다른 즐거움을 안겨준다. 물욕에 지배당해 충동적으로 구매한 물건이 일시적으로 안기는 기쁨보다 훨씬 길게 지속된다.

10.1

목각 연필꽂이

지난해 십이월, 길고양이 모임을 만들고 나서 회원들이 처음 혜화동 카페에서 모였을 때 누군가가 회원들에게 나눠주려고 가져왔다며 직접 만든 이런저런 목각 소품들을 꺼내놓으셨다. 그분은 회원이 아니라 그날만 우리와 함께하셨는데, 성함은 기억나지 않지만 황인숙 쌤 친구 분이셨을 것이다. 그날 내가 받은 선물은 이 연필꽂이. 하지만 나는 너무너무 많은 펜들을 쓴다. 예쁘지만 구멍 다섯 개로는 어림도 없다. 게다가 내 펜들이 들어가기에는 구멍이 좀 작다. 누군가에게 받은 물건을 버리는 일은 괴롭지만, 나보다 더 요긴하게 써줄 주인을 찾아주는 것이 옳다.

10.2

발리 우붓에서 산 선글라스

오 년 전, 인도네시아 발리로 우붓, 사누르, 쿠타를 도는 배낭여행을 갔다. 그곳에서 오토바이를 빌린 남편이 딸과 나를 함께 태우고 우붓의 논길을 달리던 생각을 하면 언제나 가슴에 바람이 불어온다. 우붓에서 삼 일째 되는 날, 아침에 일어났는데 왼쪽 눈이 퉁퉁 부어 뜰 수가 없었다. 뭐에 물렸는지 알레르기인지 몰라서 현지 병원에서 대충 알 수 없는 처방을 받았다. 하지만 눈은 퉁퉁 부었고, 남은 여행 기간이 꽤 긴 상태. 선글라스도 안 챙기고 여행을 간 터라 내 얼굴을 최대한 가려줄 하얀 선글라스를 샀다. 이렇게 큰 안경은 쓴 적이 없었는데 한번 써보니 뭐, 괜찮네. 나, 알고 보니 가리면 가릴수록 더 예뻐 보이는 여자였다. 급하게 사야 했지만, 내게 또 다른 시도를 하게 해준 선글라스. 그때부터 이런 스타일의 안경을 좋아하게 됐다. 결핍은 늘 새로운 시도를 돕는 법이다.

10.3

파스텔

집 안을 뒤지다 보니 똑같은 파스텔이 두 개 나 있다. 조카나 줘야지. 그런데 물감이나 파스 텔, 색연필이나 사인펜, 이런 것들은 유통기한 이 없구나.

10.4-10.5

부산국제영화제(아무것도 버리지 못했다)

부산국제영화제에 가서 영화도 보고, 국제시장에도 들르고, 맛난 음식도 먹고, 술도 마셨다. 아무것도 버리지 못하고, 말린 생선에 조개껍데기까지 잔뜩 주워 들고 돌아왔다. 이번 영화제에서 본 최고의 영화는 마하마트 살레 하룬 감독의 아프리카 영화 〈그리그리〉다. 아프리카 소아마비 댄서의 현란한 춤과 어마어마한 반전이 영화가 끝나는 순간 관객을 일으켜 박수를 치게 만들었다. 요즘 드는 생각. '나쁜 사람이란 어떤 사람을 말하는 걸까?' 모든 인간은 각자 좋은 면과 나쁜 면을 동시에 가지고 있다. 그런데 상대방의 나쁜 면을 끌어내는 사람들이 있다. 상대방의 악한 모습을 내보이게 유도하는 사람들 말이다. 나쁜 면은 보지도, 보이지도 않겠다는 게 아니다. 적어도 상대방이 악해지게 만드는 것은 피하자는 이야기다. 아는 사람 중에 나쁜 사람은 없다. 나를 배려하지 않는 사람들이 있을 뿐이다.

10.6

이천 온천 여행 후 도기 매장에서 산 뚝배기

이 뚝배기를 산 후 솥밥을 해먹는 재미에 푹 빠졌다. 갓 지은 솥밥의 구수한 냄새는 별 반찬이 없어도 그냥 맛난 한 끼 식사다. 그러던 어느 날 바닥에 금이 미세하게 간 것을 발견한 이후 삼여 년을 솥밥 한번 못 지어 먹고 있다. 우리 가족 셋이 즐겁게 뚝배기를 골랐던 날이 생각나 쓰지도 버리지도 못했지만 이젠 안녕, 한다.

10.7

핑크 플라스틱 소쿠리

요즘은 스테인리스 소쿠리를 쓰니, 아껴둔 게 아니라 잊고 안 버린 물건이다. 요즘 버릴 물건을 찾는 게 부쩍 힘들다. 아무리 봐도 못 버리겠는 물건들 사이를 서성이면서 '오늘은 뭘 버려야 하지?' 고민하는 나를 발견한다. 앞으로 남은 반년. 과연 잘할 수 있을까? 좀더 뒤져보자, 샅샅이!

10.8

어머님이 준 작은 스테인리스 냄비

어머님이 음식을 담아 냄비까지 주셨다. 유리 뚜껑이라 요리할 때 편리한 냄비지만 이런 중간 크기의 냄비가 너무 많다. 비슷한 크기의 냄비는 하나씩만 두지 않으면 곧 식기장이 터질지도 모른다. ……오래간만에 심한 생리통. 나이 마흔이 넘었는데 청소년처럼 아프다. '혹시 나, 회춘하는 거야?' 생각했더니, 아는 언니가 "갱년기 증상 아니야?" 흑흑, 그런 거였어? 슬프다.

10.9

나카가와 히데코 선생님에게 선물받은 원더우먼 금속 팔찌

이번 요리책 『맛보다 이야기』에 그림을 그려줘서 고맙다면서(고맙긴요. 그림을 써주셔서 제가 더 감사했지요) 나카가와 히데코 선생님이 건네신 멋쟁이 금속 팔찌. 너무 멋져 내게는 정말 안 어울린다. 나는 단 한 번도 이 팔찌를 차보지 못했다. 출간 파티 날, 선생님은 이것과 똑같은 파란색 팔찌를 멋지게 소화했는데, 내게는 이렇듯 화려하고 귀한 것 같은 팔찌가 빌려 찬 듯 어색하고 거추장스러워 보인다. 역시 내게는 구슬뿐이다. 금속공예가 만든 팔찌라고 전해 들었는데…… 이렇게 그리고 쓰는 동안에도 선생님에게 죄스럽고 아깝다. 그러나 언제든 한 번 차려고 눈에 잘 띄는 책상 위에 쭉 뒀지만 마음같이 잘 안 된다. 앞으로도 절대 찰 것 같지 않으니 감사한 마음만 남기고 새 주인을 찾아주자. 이 팔찌가 어울릴 사람이 분명히 내 주위에 있다. 아리가토, 히데코 센세!

10. 10

아쿠아 파나 미네랄워터 빈 병들

도저히 버리지 못하겠는 빈 병들이 있다. 병 모양이 예뻐서 라벨이나 스티커를 떼어내고 모으는 편인데, 아쿠아 파나 병들은 대부분 그대로 붙여둔 채 모았다. 라벨의 주황색과 파란색, 그리고 하늘색의 조화가 보기만 해도 상큼하고 기분이 좋아지게 한다. 내 책상 위에만 세 개나 있고 부엌에도 다섯 개가 넘는다. 하나만 남기고 치워야지. 그래, 차근차근…… 병들도 딱 하나씩만 곁에 두자. 오늘은 딸 담임선생님을 만났다. 딸이 학교생활을 너무나 잘한다며 칭찬했다. 공부 빼곤 못하는 게 없다고. 그리 말해 주는 젊은 담임선생님도, 딸도 대견하다. 뿌듯하고 기분 좋다.

10.11

83원피스

처음부터 내가 입을 게 아니라 딸을 입히려고 샀지만 딸이 좀처럼 입지 않아서 내 옷장 안에서 묵은 지 삼 년째. 딱 한 번 입어보긴 했다. 이건 내가 입으면 안 되는 옷이라는 걸 확인했을 뿐이다. 사십 대가 입기에는 너무 발랄해서 추하기까지 하다. 언제부턴가 발랄함은 내 것이 아니게 됐다.

10.12

폴프랭크 가죽 동전 지갑

역시 삼 년 전 베이징 후통 거리에서 구입한 동전 지갑이지만 한 번도 제대로 사용하지 않고 구경하기만 했다. 이런 물건들이 심하게 많구나. 우리는 얼마나 생각 없는 소비자인가? 자꾸만 되돌아보게 된다. 갑자기 가을이 왔다. 가을이 되니 마음이 바람처럼 흔들리네. 오늘은 스티븐 소더버그의 마지막 장편영화 〈쇼를 사랑한 남자〉를 보고 왔다. 게이들의 이야기지만 그 사실을 떼어내면 그냥 절절한 사랑 이야기. 사랑은 다 같다. 레즈비언도, 게이도, 그리고 나도, 너도, 우리도.

10.13

인형이 달린 나무 막대 북마크

태국이었을까? 베트남이었을까? 여러 가지 인형들이 달려 있는 북마크를 잔뜩 사서 다 나눠주고 딱 하나 남았다. 몇 년 동안 책상 위 붓통에서 얼굴을 내밀고 있어도, 쓰지도 설레지도 않는다. 페루 고민 인형을 닮았지만 투박한 구석 없이 깔끔하게 정돈된 얼굴에 정이 가지 않는다. 나…… 얼굴을 너무 따지는 것 아니야? 게이 코러스 합창단 '열애'의 공연을 딸과 친구와 함께 봤다. '열애'는 즐겁고 유쾌하고 박력 있는 아마추어 합창단이다. 신나지만 노래는 좀 많이 연습하시길~!

10. 14

딸의 핑크 하트 샤프

딸이 중학교 입학을 준비하던 어느 날, 방 정리를 했다며 안 쓰는 펜들을 몽땅 내 방으로 가져왔다. 대부분 잘 쓰고 있지만, 이 샤프는 연필꽂이에 늘 꽂혀만 있네. 몇 번이나 버릴까 하고 다시 한 번 써보면 그때마다 '어, 잘 써지고 손에 쥐기도 괜찮은데?' 싶었다. 아무리 집 안을 둘러봐도 선뜻 버릴 것을 찾는 게 어려워지고 있다. 물건마다 추억과 사연이 떠올라 매일 들었다 놓았다를 무한 반복한다. 날마다 하나씩 버리기, 생각만큼 쉬운 일이 절대 아니다. 오늘은 남편 생일. 뭘 해줄까 물어보니, 선물로 〈REC〉라는 공포영화를 같이 봐달라고 한다. 나는 공포영화를 싫어하지만 이게 생일선물로 받고 싶은 선물이라니 어쩔 수 없이 봐줬다. 남편은 무서운 영화가 왜 그리 좋을까?

10.15

짧은 원피스

삼 년 전, 푸른빛에 놓인 보라색 무늬가 예뻐서 샀는데 짧다. 짧아도 너무 짧다. 나이가 드니 옷에 제약이 많아진다. 발랄해도 안 되고, 무릎이 보여도 안 된다. 너무 젊어 보이려고 노력한 티가 나면 안 된다. 나이를 받아들여야 한다. 평범한 옷을 입어 무난해지는 게 내 나이에 어울리는 걸까? 그건 싫다. 내 나이에 옷을 멋지게 입는다는 건 어렵구나.

10. 16

장난감 인형 유모차(친구에게 주려고 닦아보니, 너무나 멀쩡하네!)

딸이 한 살부터 여섯 살까지 애용한 장난감 유모차다. 딸은 이 유모차에 온갖 인형들을 태우고 동네를 아장아장 걸어 다녔다. 그 기억 때문에 여태 가지고 있었지만 이젠 친구에게 아가가 생겼으니 그리로 보내기로 했다. 지금은 나보다 더 커버린 딸에게 이렇게 작은 유모차를 끌 정도로 조그맣던 시절이 있었다니. 그때는 그 작은 딸을 데리고 여기저기 철없이 기웃대던 나도 있었구나. 힘들고, 어렵고, 젊었던 그 시절의 많은 일들이 새삼 스쳐 지나간다.

10.17

피렌체에서 산 퓨마 운동화 255 사이즈

오늘은 결혼한 지 딱 십칠 년 되는 날. 뭔가 좀 특별한 것을 버려보려다가 신발을 하나 찾았다. 사실 이 신발은 좀더 진한 초록색인데, 내 펜 중에는 딱 그 초록색이 없다. 이 신발이 우리 집 누구에게도 맞지 않듯이. 이탈리아 피렌체에 있는 퓨마 매장을 돌다가 신발의 초록색에 반했다. 딸이 하도 쑥쑥 자라기에 그에 맞춰 발도 쑥쑥 커지리라 믿어 의심치 않고 덜컥 구입했다. 그때 딸의 발 크기는 245였고 고작해야 중1밖에 되지 않았기에 255는 거뜬히 넘길 줄 알았다. 하지만 발은 키보다 빨리 (250에서) 멈춰줬다. 아직도 키가 천천히 자라는 중이지만 발은 더 이상 크지 않는다. 이 신발은 딸에게 영원히 큰 신발이 되어버렸다. 발 큰 정영 언니에게 신발을 줬더니 꼭 맞다. 드디어 진짜 주인을 찾았다고 좋아하자 언니는 대신 작아서 한 번도 못 신었다는 마리엔솔 반짝이 캔버스화를 내준다. 배보다 배꼽이 더 커졌다.

10. 18

뒤꿈치가 흘러내리는 고양이 양말

'딱 한 번만 더!' 하며 몇 달을 더 신은 양말, 오늘은 기필코 쓰레기통으로! 원고 스케치를 다 보내고 나서 지난해에 만들다 만 퀼트 이불을 꺼내 들었다. 조각이 너무 작은지 도무지 끝이 안 보인다. 올해는 완성할 수 있을까? 스스로 한심하다고 자책하고 있었는데 선배 언니는 "딸 시집갈 때라도 끝내면 다행이라고 생각해"라고 말한다. 오호~ 그렇게 생각하니 마음이 한결 편해진다. 딸의 혼수를 지금부터 제작한다. 생각을 바꾸니 세상이 달라 보이는 게 이런 거였군.

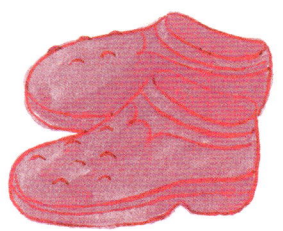

10. 19

크록스 모양의 목욕 신발

목욕탕 신발을 전부 바꾸면서 물이 안 들어올 것 같아 나막신을 닮은 걸로 샀다. 그런데 물이 한 번 들어오면 절대 안 나간다는 치명적인 결함이 발견됐다. 융통성 없고 고지식한 목욕 신발. 영화 〈그래비티〉를 보는 내내 멀미가 나서 죽는 줄 알았다. 무중력상태에서 두 시간을 함께 보내고 나온 느낌이다. 그런데 산드라 블록에게 반할 줄은 꿈에도 몰랐다. 잘 알지도 못하면서 함부로 사람을 좋다 싫다 말하지 말아야지, 다짐 또 다짐해 본다.

10. 20

트랜스포머 플라스틱 공
(동그란 핑크 부분을 잡아당기면 공이 노란색으로 뒤집어진다)

팔 년 전, 엄마가 중국 베이징에 사는 동생네에 다녀오면서 딸 선물로 사 온 공이다. 카프카와 비비도, 남편도, 당연히 원래 주인이었던 딸도 전혀 관심 없는 장난감인데 이 공이 왜 내 방에 굴러다니는지 모르겠다. 한때는 이 공을 까뒤집고 깔깔댔던 꼬마 소녀가 벌써 사춘기 청소년이라고 거들떠보지 않다니, 어린 시절은 이렇게 스리슬쩍 지나가나 보다.

10. 21

발리산 진정 오일(MINYAK GOSOK)

오 년 전 발리 우붓에 갈 때, 딸이 비행기 안에서부터 멀미하기 시작하더니 우붓에 도착해서도 계속 토하고 정신이 혼미해져 걷지도 못할 지경에 이르렀다. 도착 시간이 한밤이라 근처 슈퍼마켓으로 뛰어가 영어도 안 통하는 아줌마를 붙잡고 손짓 발짓 몸짓을 모두 동원해 설명하자 이 오일을 건네줬다. 박하향이 나는 이 오일을 목과 머리, 배에 바르고 자면 괜찮아질 거라면서. 반신반의하면서도 달리 할 수 있는 일이 없어서 딸의 몸 여기저기에 발라주고 재웠더니…… 딸은 아침에 정말 아무 일 없었다는 듯이 상쾌하게 깨어났다. 신비의 묘약! 너무 오래되어 다시 쓰기는 겁나지만, '묘약'이라 버리지 못하고 책상 한 켠에 오롯이 두었다. 이제야 버리기로 결심하고 이 신비의 묘약에 대해 검색해 보니 단순 요통, 긴장, 타박상 등 근육과 관절 통증을 일시적으로 완화해 주는 멘톨, 계피, 생강 등이 첨가된 허브 마사지 오일이라 한다.

10.22

발목이 헐렁해진 곰돌이 양말

중3인 딸과는 음악 이야기, 영화 이야기, 친구들 이야기를 가장 많이 한다. 그런데 공부 이야기, 대학 이야기, 앞으로의 진로 이야기는 전혀 하지 못하는 나를 발견했다. 엄마로서 해야 하는 이야기일까? 나도 중학교 때는 나 몰라라 했던 게 공부와 진로여서 더더욱 못하겠다. 자식을 키운다는 건 진짜 어렵다. 많은 말들 사이에서 뭐가 옳은지 알 수 없다. 그냥 소신껏 내 방식대로 키울 뿐이다. 제 인생은 스스로 고민해 찾아가야지. 엄마가 살아줄 수 없으니까. 제 인생에 대한 고민과 선택은 딸이 알아서 하길. 나는 대신 딸의 선택을 성심껏 밀어주기 위해 오늘도 내 일을 열심히 하련다.

10. 23

몇 개 안 남은 레고 배지

길고양이를 위한 벼룩시장을 열었을 때 물건을 기증해 준 사람들에게 레고 배지를 나눠주기로 했는데 정신없이 다 팔아버렸나 보다. 그때 만든 레고 배지 중에 특히 마음에 드는 몇 개만 가지려고 내 방에 아껴둔 걸 결국 줘야 하게 생겼다. 아쉽다! 에구구, 아쉽다니 이건 날마다 하나씩 버리는 사람의 자세가 아니다. 이렇게 그림을 그려뒀으니 아쉬움도 함께 버리자. 요즘 날이 너무 좋다. 하늘이 예뻐 걷고 싶다. 가을. 정말 눈부신 계절.

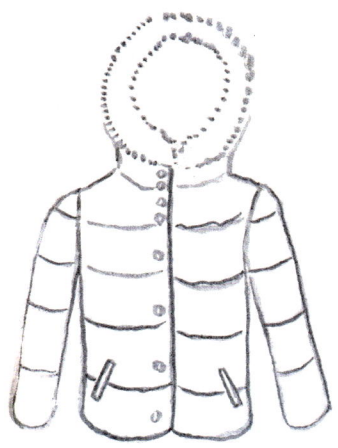

10. 24

유니클로 하얀색 오리털 점퍼

눈처럼 하얀 점퍼가 입고 싶었지만 때도 잘 타고 좀 뚱뚱해 보인다.
정크 클로즈를 살 때는 정말 신중할 것.
옷이 싸다고 덥석 사지 말 것.

10.25

양쪽 눈과 목에 반짝이 보석이 박힌 고양이 반지

고양이 소품만 보면 내 생각을 해주는 올케에게 지난해에 받은 반지다. 올케의 마음이 고마워 내 책상 위에 두고 오래 바라만 봤다. 올케에게 이 반지를 받을 때는 예쁘다고 호들갑을 떨었지만 보석이 반짝이는 액세서리는 좀처럼 안 하게 된다. 내 취향의 선물이 아니라면 어떻게 반응해야 할까? 내 취향이 아니라고 제대로 말하는 게 옳을까? 그게 옳다고 해도 그렇게 하기는 어려운 일이다. 특히 액세서리나 옷은 좋은 마음으로 선물받아도 내 취향에 맞지 않으면 착용하기 겁난다. 예전이라면 시도는 해봤겠지만, 이제 어색한 건 싫다. 서글프게도 먹을거리나 생필품이 선물로 제일 좋아지는 나이가 된 걸까? 다른 누군가의 손에서는 반짝반짝 빛날 검은 고양이의 눈이 나를 한심하게 바라보는 것만 같다.

10. 26

피카츄 플라스틱 인형
(뒤에 있는 버튼을 누르면 "피카츄, 아이 러브 유!"라고 외친다)

언제든지 버릴 수 있는 물건이기 때문에 오히려 방치된 채 일 년도 넘도록 내 책장 앞에 놓여 있었다. '나는 아무것도 몰라요'라고 속삭이는 듯 멍하고 천진한 눈빛 때문에 그동안 버리지 못했을까? 버릴 물건들을 찾아 기웃거리니 구석구석의 먼지들이 보인다. 생전 들여다보지 않던 선반 위 장난감 사이사이에 수년 동안 켜켜이 쌓인 먼지들이다. 이 김에 청소도 하게 되는군. 〈터질 거야〉라는 덴마크 코미디 영화를 보면서 '예술이란 무엇일까'에 대해 생각했다. 관객을 무시하는 예술, 관객에게 잘난 척하는 예술, 관객에게 있어 보이려는 예술에 대해 경고하는 영화였다.

10.27

실바니안 토끼 양호실 세트

한때 딸과 함께 실바니안 토끼와 가구들을 열심히 모으다가 이제 그만두자 싶어서 상자 하나에 다 담아서 집 안 어딘가에 쑤셔 두었다. 그때 같이 들어가지 못한 것들이 있었나 보다. 내 방 한구석에서 홀로 외로이 먼지만 뒤집어쓴 너를 봐도 더 이상 설레지 않으니 내 방에서 나가줘야겠다. 그래도 내 방의 수많은 장난감들 중 하나가 나간다니 기분이 짠해진다. 내 방 구석구석에 놓인 장난감들도 슬슬 정리해야 하는데 이게 제일 힘들다. 다들 아직은 나를 떨리게 하는 물건들이기 때문일 것이다. 일단 이것 하나부터 시작이다. 하나를 버리면 다른 것들도 보일지 모른다. 날이 추워져서 깻잎들을 거둬들이고 나뭇가지도 쳐주면서 마당을 정리했다. 아직 남은 토마토들을 어찌 처리하나. 익지 못할 초록 토마토들을.

10. 28

정영 언니에게 받은 고양이 뜨개 동전 지갑

정말 애용하던 지갑이었는데 한 번 빨았더니 고양이 몸통의 까만 털실이 주변을 다 거무죽죽하게 물들이고 말았다. 이대로 버리기 아까워 다시 한 번 빡빡 문질러 빨았더니 지갑 형태가 모호해지고 까만 물은 더 들어버렸다. 요즈음 딸에게 공부를 너무 안 시킨다고 나를 걱정하는 목소리가 주변에서 자꾸 들린다. 벌써 중3인데 그러다가 나중에 딸이 나를 원망하고, 그때는 후회해도 늦는다고들 이야기한다. 나도 엄마 역할이 처음이라 고민스럽긴 하다. 하지만 공부! 스스로 원해서 해야 한다. 스스로 해야겠다고 마음먹을 때 해도 늦지 않다. 그렇게 믿는다. 어느 누구도 스스로 바뀌지 않으면 바뀔 수 없다. 아무것도 내 세상을 바꿀 수 없다는 비틀즈 노래가 생각난다. Nothing gonna change my world! 나는 딸을 방치하는 게 아니다. 나는 딸을 존중한다. 초록 토마토를 따 두면 저절로 빨갛게 익는 과정을 '후숙'이라 한다는 사실을 알았다. 호~ 올해는 토마토 피클 대신 후숙이다!

10. 29

얼굴 부분에 사진을 오려 넣어 액자처럼 둘 수 있는 아기 인형

괴상하고 기이한 분위기가 물씬 풍기는 액자형 아기 인형 얼굴에 처음에는 남편 사진을, 다음에는 딸 사진을 오려 넣고 내가 모으는 플라스틱 아기 인형들 사이에 같이 세워뒀다. 볼 때마다 재미있기도 하지만 무섭기도 했는데 오늘로 고민을 없애자. 동생네가 하와이로 이민을 간다. 내게 줄 물건이 있다기에 동생네에 갔다가 여러 가지 옷들과 신발들, 집안 소품들까지 잔뜩 챙기고 말았다. 여태 버린 물건들이 무색할 정도다. 어떡해.

10.30

각종 유리구슬을 모아둔 5단 유리병

동네 꼬마 친구 파비가 며칠 전부터 "고양이 이모, 할로윈 날 나한테 사탕 줘야 해요! 마녀 옷 입고 trick or treat 할 거야!" 하고 몇 번을 말했는데, 오늘이 그날이라는 것을 잊었다. 부랴부랴 동네 슈퍼로 뛰어나가 사탕과 초콜릿을 사 왔지만, 어쩐지 미안해서 파비가 예전에 우리 집에서 잘 가지고 놀던 구슬이 생각나 몽땅 주기로 결심했다. 나보다는 파비에게 더 어울릴 법한 구슬들. 파비도 좋아한다. 이렇게 버리기 위한 일기를 쓰고 있으니, 갑자기 누군가에게 선뜻 줄 뭔가를 찾는 일이 쉽고 즐거워진다.

10.31

하와이 빈티지 숍에서 꽤 비싸게 샀던 실크 저지 홀터넥 셔츠

지금은 상체에도 살이 좀 붙었지만, 예전에는 팔과 허리가 못 먹은 사람처럼 뼈만 앙상하고 엉덩이와 허벅지는 씨름 선수마냥 커다랬다. 그 시절에 가장 마른 부분만 보여주던 윗옷이다. 이 옷을 위에 입고 아래만 잘 가려주면 내가 스스로 날씬하다고 감탄할 수 있을 정도였다. 마피아 보스의 애인이 높은음 '도' 정도의 하이톤 목소리를 내며 입었을 것 같은 실크 저지 홀터넥 셔츠, 그때 사랑했던 옷이라 다시 한 번 입어봤는데 못 봐주겠다. 어깨와 팔뚝에 삐져나온 살들이 근육질의 성격 있는 채소 가게 아줌마 같다.

11 x 1 - 11 x 30

소비 철학
지갑이 마구 열리는 가격은
다시 생각할 것

버려지는 물건들을 찬찬히 들여다보니 역시 아무 생각 없이 덥석 산 물건들이 대부분이다. 별 고민 없이 지갑을 열게 만드는 물건들이다. 요즘에는 멋진 디자인에 질도 나쁘지 않은 물건과 옷들이 싼값으로 여기저기 널려 있다. '이번에는 아이쇼핑만 할 거야!' 마음먹어도 조금만 돌아다니다 보면 어느새 가방이 새로 산 물건들로 가득해지고 손에는 쇼핑백 몇 개가 들려 있다.

이런 식이다. 귀엽고 개성 넘치는 머리핀을 단돈 만 원이면 살 수 있다. (머리가 짧아 쓰지도 않는 핀을 왜?) 마당에서 일할 때 편하게 입을 수 있는 티셔츠가 좋은 옷감에 멋지기까지 한데 2만 원이면 충분하다. (그런 티셔츠가 얼마나 많은데?) 시장에 갈 때 손에 들기 적당한 에코백도 싸고 예쁘기까지 하다. (집에 있는 에코백이나 좀 쓰시지!) 빨래를 널 때 사용하면 귀엽기 그지없을 빨래집게도 있다. (집게가 빨래에 가려 잘 보이지 않을 텐데?) 흠, 그래도 뭐 돈이 얼마 안 드니까.

내가 소비를 선택한 것이 아니라 선택하길 강요당한 것 같다. 소비 산업의 노예로 살고 있는 기분이 들었다. 이렇게 지갑을 마구 열어 쉽게 사들인 것들은 그만큼 버려지기도 쉽다. 지갑을 열 때는 한 번 더 생각하자. 돈도 문제이지만 그로 인해 양산되는 쓰레기가 더 문제이다. 이런 식으로 살다가는 언젠가 내가 버린 쓰레기 더미에 깔려 죽음을 맞을지도 모른다.

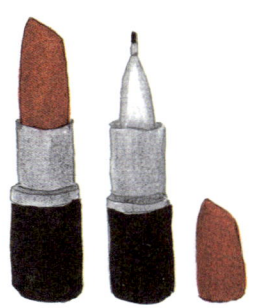

11.1

빨간 립스틱일 것만 같지만 뚜껑을 열면 까만 볼펜

뽈랄라 전시장에서 구입한, 마치 랑콤 립스틱 같은 볼펜이다. 책상 위에 반짝이며 놓여 있으면 보는 사람마다 한마디, "어, 립스틱 뚜껑이 열려 있어!" 주변을 웃게 해주는 재치 있는 볼펜이다. 다시 볼펜을 잡으니 쥐는 느낌도 나쁘지 않고, 썩 잘 나온다. 하지만 나쁘지 않다는 건 조금은 불편하다는 것이다. 썩 잘 나온다는 건 가끔 안 나올 때도 있다는 것이다. 안 쓴 데는 다 이유가 있었다.

11.2

소피아 코폴라 감독의 영화 <블링 링> 프로모션용 팔찌

올여름 아트하우스 모모에서 딸과 함께 본 영화였다. 왠지 신뢰가 가는 극장이라 프로모션용 상품도 괜히 좋아 보였다. 딸은 아예 받지도 않았는데, 나는 공짜라…… 덥석 받았다. 왜 공짜 앞에서는 이리 약해질까? 그렇게 쓸데없이 늘어나는 물건들 때문에 이렇게 버리기 위한 일기를 쓰면서도 같은 실수를 반복하다니. 절대 공짜에 흔들리지 말자. 산 것도 버리는 마당에.

11.3

작은 붓 두 개가 들어 있는 보디 페인트용 물감

딸이 어릴 적에 가지고 놀았던 보디 페인트용 물감이다. 일 년쯤은 얼굴이나 몸에 그려대다가 그 후에는 종이에 물감처럼 사용했다. 두 개나 있어서 그중 한 개는 온전히 새것이다. 이런 것들을 보면 마음이 무거워진다. 주위 아이들과 나눠 쓰지 못하고 뭔 욕심에 두 개나 꿰차고 우리끼리 재미있어 했을까? 어떤 물건이든지 생각하고 소비하는 인간으로 거듭 태어나기를!

11.4

예전에 엄마가 사준 사발 크기 머그컵

아, 오마니, 우리 오마니. 나도 그릇을 정말 좋아하는데 도무지 고를 기회를 안 주신다. 하지만 늘 과분한 사랑, 감사하답니다. 오마니.

11.5

곡물로 채워진 육면체 공

날이 하루하루 길어질수록 버리는 일이 힘에 부친다.
설레지 않는 물건들도 점점 사라지고 있다.

11. 6

아무것도 찾지 못한 날

정말 없다. 옷장을 더 뒤져보면 분명히 있을 텐데 오늘은 그럴 힘도 없다. 뭔가를 꼭 할 수 있다고 장담하는 것을 버려야 할까?

11. 7

겨자색과 올리브색이 섞인 양털 목도리

양모여서 그런지 목도리 감촉이 솜사탕처럼 부드럽다. 목도리 끝단이 너무 여성스럽게 처리되어 한 번도 둘러보지 못했지만, 누군가 나를 위해 짠 것은 아니니까 이거라도 버려야겠다. 누군가 우리를 위해 직접 짠 것들은 버리기 힘들다. 그래서 간직하는 스웨터와 조끼와 목도리 등등이 한 가방이다. 거의 어머님이 짜주신 것들이다. 심지어 딸 바지와 포대기까지. 어머님의 한 땀 노고를 생각하면, 비록 입지는 않아도 버릴 수 없다. 그냥 죽을 때까지 간직하기로 하고 가방에 잘 넣어 깊숙이 보관해 두었다.

11.8

고양이가 달려 있는 머리끈

내 서랍에 보물처럼 고이 보관되어 있었지만 '고양이'라면 다 사던 시절의 물건일 뿐. 내일은 기온이 영하로 떨어질 거라는 일기예보를 듣고 마당을 부랴부랴 치웠다. 남은 토마토를 수확하고 화분을 들이고 잔가지를 정리했다. 올해는 토마토 농사가 유난히 더디 되었다. 여름에 하도 안 달려 토마토 농사를 망쳤다고 생각하고 다 뽑으려다가 그냥 두었는데, 겨울이 코앞인 이 마당에 자기들끼리 주렁주렁 풍년이다. 늦되는 열매가 있듯이 늦되는 아이도 있겠지. 내 토마토를 보면서 다짐한다. 그냥 놔두면 알아서 때를 찾아 열매를 맺기를. 저마다 각자의 때가 있으니 기다리자. 기다릴 줄 아는 어른이 돼야지.

11.9

안일함

남편과 와인 두 병을 마셨다. 늘 마시는 술이지만 더 기분 좋게! 1일1폐도, 그려야 할 작업도, 그림도 다 뒤로하고. 동생네 부부가 하와이로 떠난다니 생각이 많아진다. 어떻게 그리 모든 걸 버리고 미련 없이 떠날 결심을 했을까? 대책 없어 보이기도 하지만, 뭔가를 저지를 수 있는 그 젊음이 부럽다. 자식과 고양이가 있으니까, 마감이 있으니까……는 전부 핑계다. 생각 없이 살아도 그럭저럭 흘러가니 그냥 살았다. 내게도 그런 용감함이 있었다는 것을 잊지 말아야지. 주위에 나를 자극해주는 사람들이 있다는 건 감사한 일이다. 오늘은 내 안일함을 버린다.

11.10

대나무로 만든 캄보디아산 팔찌

사실 내 것은 아니었다. 몇 달 전 액세서리 가게에서 금속 링 팔찌를 주르륵 걸치면서 남편에게 "이런 스타일 어때?" 하고 물었더니, 남편이 "앗, 나 그런 거 캄보디아에서 샀는데. 너 할래?" 하며 이 팔찌를 찾아줬다. 이후 몇 번 걸쳤는데, 시끄럽다. 열 개나 되는 팔찌들이 따로따로 내 팔목에서 덜그럭덜그럭. 대나무도 이리 거추장스러운데, 금속은 생각하고 싶지도 않아진다. 아무나 하는 팔찌가 아니었군. 얌전하고 움직임이 적은 사람에게는 어울리려나?

11.11

주이시 에코백 (보통 에코백의 두 배 크기)

어머님이 음식을 담아 오시며 같이 가져다주신 에코백이다. 어머님은 음식을 항상 예쁜 용기나 가방에 담아 우리 집에 찾아오신다. 음식과 함께 주시는 어머님 방식의 선물인 셈이다. 이 에코백은 예뻐서 사용하고 싶었는데, 가방 크기도 상당히 크고 브랜드가 어려 보여 한 번도 사용하지 못했다. 어째서 이런 편견이 점점 늘어날까? 어른이 되어간다는 건 확실한 편견이 한둘씩 늘어가는 건지도 모르겠다. 편견 없는 사람이 되려고 늘 노력했는데, 아직 멀었구나.

11. 12

도련님이 만든 바운시그레이 와이셔츠

지금 나는 왜 이렇게 하루에 하나를 버리려고 애쓰는 걸까? 그리고 그동안은 왜 하나도 못 버리고 싸안고만 있었을까? 날마다 버릴 것들을 찾아 서성이다 보면 '나는 여태 참 어렵게 살았구나' 하는 생각이 든다. 잘 버리지 못하는 인간이 버릴 물건을 간신히 찾아 그림을 그리고, 그렇게 버리면서도 또 고민하는 내가 애처롭기까지 하다. 하나는 분명하다. 물건을 한둘씩 버리는 대신 추억을 차곡차곡 쌓아간다. 나는 좀 달라지고 싶은 모양이다. (너무 고급스러워 보이는 와이셔츠. 나랑은 어울리지 않는다.)

11. 13

베네통 다홍색 니트 티셔츠

한때 '베네통'이라는 브랜드를 사랑했던 시절이 있었다. 요즘에는 브랜드만으로 옷을 사는 것 자체를 피하고 있다. 하루에 하나씩 버리기 시작한 후부터는 길을 걷다가 충동구매를 하는 일이 줄었다. 버릴 것이 산더미라 들이는 일에는 겁을 먹는다. 언제까지 지속될지 모르겠지만 지금은 이런 삶이 좋다.

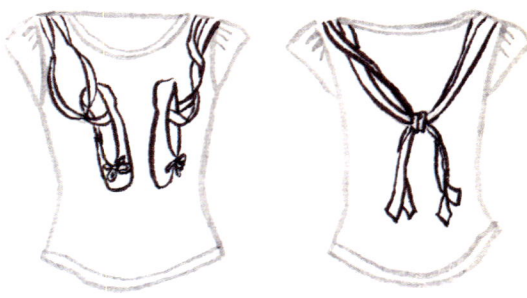

11.14

이대 앞 빈티지 숍에서 첫눈에 반한 발레 슈즈 티셔츠

어릴 적 꿈이 발레리나였다. 치맛단이 퍼지는 발레 옷을 입으면 곧 날아오를 것만 같았다. 학교에서 발레를 배우면서 입었던 그 옷을 벗기 싫어 책가방을 메고 버스도 타지 않은 채 집으로 향하곤 했다. 그렇게 홀로 몇 시간씩 걸어가다가 탈진할 뻔한 적도 있다. 지금은 이렇게 그림을 그리며 먹고살지만 아직도 나는 가끔 발레리나가 된 나를 상상하게 된다. 그때 내가 원하던 대로 계속 춤췄더라면 혹시 발레리나가 되지 않았을까? 그래선지 여전히 발레 슈즈, 발레 치마, 발레 연습복을 동경한다. 한때 사랑했던 옷이지만 이제 내 몸에 너무 달라붙어 옷이 안쓰러울 지경이다. 몸이 불어나니 옷도 굿바이, 발레리나가 되는 상상도 그만!

11. 15

다 쓴 코코샤넬 향수병 100ml

오늘은 머리를 아주 짧게 자른 기념으로 진하게 화장하고 재킷도 갖춰 입었다. 마치 약속이 있는 것처럼 꽃단장한 모습으로 열심히 일했다. 언제든 외출할 만반의 준비가 되어 있지만 (약속이 생겨도) 절대 안 나갈 것을 맹세하면서. 못 나가는 게 아니라 안 나간다는 자세로. 일이 꽤 잘되네.

11. 16

그저께 함께 찾아둔 이케아 곡식 인형

갑자기 추워졌다. 첫눈답지 않게 함박눈이 펑펑 쏟아지다가 해가 난 이상한 날이다. 베이징 여행 중에 이케아 매장에서 구입한, 곡물이 자작자작 느껴지는 인형은 아가가 있는 내 친구에게로 보낼 생각이다. 자꾸 뭔가를 버리려는 이 일이 잘하는 짓인가 심각하게 생각하는 중이다. 또다시 구입하고 싶은 욕망 때문에 뭔가를 버리는 건 아닐까? 혹시나 하는 마음으로 찬찬히 되살펴보니 다 버릴 것만 버렸군. 잘했어!

11.17

비비가 오늘 저녁까지 사용한 간식 사기그릇

베이징에서 동생이 고양이 방석과 고양이 간식 그릇을 사다 줬는데, 방석은 우리 집 고양이 누구도 거들떠보지 않기에 고양이 많은 친구 집에 선물했다. 오늘 그 친구가 SNS로 보내준 고양이 사진을 보고(파란 방석에 얼마 전 새로 입양한 고양이 토라가 엄마 품에 안겨 있듯 편안한 자세로 똬리를 틀고 있었다), 그릇까지 세트로 챙겨주기로 결심했다. 요즘 비비가 사용하긴 하지만 이 그릇을 사랑하는 건 아니니까. 고양이도 다들 어쩌면 그리 취향이 다른지. 비비야, 너에게는 예쁜 조개 접시를 따로 준비했단다. 겨울이 훅 왔다. 나의 겨울 피부, 얇은 패딩 롱코트를 꺼내 입으니 남편이 너무 싫어한다. 흠, 꼬질꼬질해 보이지만 따뜻해!

11. 18

안쪽이 모두 털로 휩싸이고 이음새로도 털이 보이는 유니클로 털점퍼

이렇게 그려놓으니 꽤 그럴듯하지만 이 점퍼를 입으면 노숙자 같아 보인다. 이 년 전에 딸이 입고 싶어 죽겠다고 해놓고서는 사줬더니 한두 번 입고는 안 입는다. 게다가 딸 옷을 입을 때마다 나를 거지 같다고 싫어하는 남편. '1일1폐' 한다며 딸 옷에 남편 양말까지 신는 내가 불쌍하다면, 당신들도 제발 생각 좀 하고 소비하길!

11.19

엄마의 골프 조끼

지난해 엄마가 버린다는 옷을 왜 냉큼 들고 왔는지, 어차피 이렇게 버려지는데……. 연말이 되니 인간관계에 대해 많이 생각하게 된다. 그동안 잘해왔다고 여겼는데, 문득 실수한 일들과 후회스러운 순간들이 떠오른다. 다 내가 저지른 일들이니 감수해야겠지. 앞으로 같은 실수를 반복하지 않는 일만 남았으니 미래에는 더 나은 내가 있겠지. 날이 추워지니 마음까지 추워진다.

11. 20

연두색 모직 반코트

어쩐지 입고 싶어 새것 같아 나영에게 받았던 모직 코트다. 드라이까지 마친 채 옷장에 고이 걸려 있는데 연두색이 너무 예뻐서 오히려 입어지지 않는다. 남이 버리겠다는 옷까지 들고 와서 내 옷장을 채우고 이리 비우지 못한다. 내 것도 못 버리는 주제에 남의 것도 못 버리게 하다니. 몇 년을 안 입고 바라만 보면서도 도저히 못 버리겠는 옷들이 있으니 참 이상하다. 통의동에서 남편이 전시를 준비하고 있어 오늘은 그림 운반하는 기사로 대활약했다.

11.21

목폴라 반팔 스웨터

이 스웨터의 색은 다시 보고 또 봐도 정말 예쁜 피코크 블루다. 지난해 살이 약간 오른 후부터 길이가 짧은 옷들에는 좀처럼 손이 가지 않는데, 이 스웨터는 색이 너무 예뻐 옷을 잘라 뭐라도 만들고 싶어진다. 하지만 그럴 정신이 있을까? 며칠 전에 넘긴 원고들에 수정 사항이 잔뜩 들어온 마당에. 아, 수정을 요구받는 일은 아무리 돌려 말해도 기분이 몹시 언짢다. 수정 없는 세상이 있을까? 오늘은 드디어 남편 전시를 오픈하는 날. 잘 아는 사람이 아니라 그냥 얼굴만 아는 사람들과 만나는 일이 갈수록 힘들다. 상대를 잘 알지 못할수록 말실수를 하게 된다. 말의 무게는 왜 듣는 사람마다 다 제각각으로 느껴질까? 말에도 정해진 무게가 있으면 좋겠다.

11. 22

보라색 니트 후드 롱티셔츠

지난해에 너무 추워서 올해는 제대로 된 겨울 점퍼를 장만하러 신세계 백화점에 다녀왔다. 아, 오래간만에 찾은 백화점은 내게 진짜 신세계였다. 이런 곳이 있었는데 그동안 잊고 살았네. 게다가 '생각하는 소비'를 위해 좀더 신중하게 고르는 나를 발견한다.

11. 23

발리산 마사지 오일 유리병

엄마랑 고모네 집에 다녀왔다. 요즘 매일 뭔가 하나씩 버리는 생활을 한다고 하니, 엄마가 이렇게 덧붙였다. "나도 요즘 정리를 시작했어. 나 죽으면 내 물건 버리느라 너희가 얼마나 고생하겠니! 정신 있을 때 내가 하나 둘 버려야지!" 갑자기 서글퍼졌다.

11. 24

딸이 어릴 적에 쓰던 목걸이 가방

이렇게 글과 그림으로 남길 생각을 하지 못했다면 분명히 다시 어딘가에 고이 집어 넣었을 딸의 작은 가방이지만, 이제 이 정도는 버려도 괜찮다. 친구와 함께 난생처음 김장을 해보려고 배추를 사러 갔다. 둘이 합쳐 스무 포기. 잘할 수 있을까?

11. 25

딸 머리끈

딸의 물건이 내 방에 이리 많은 줄 몰랐다면 거짓말이지만 조금 놀라긴 했다. 딸이 제 방을 정리한답시고 안 쓰는 물건들을 상자에 잔뜩 담아 왔을 때 과감하게 버렸어야 했다. 내 방에 꾸역꾸역 풀어놓더니 결국 이렇게 방 밖으로 토해내는구나. 김장으로 힘들 게 뻔해 이 머리끈은 오늘 버리려고 어제 미리 찾아뒀다. 김장은 엄마의 지휘 아래 무사히 담갔다. 혼자는 결코 못할 것만 같은 일이다.

11. 26

시트로넬라 향초가 담겨 있던 유리병

집에서 향이나 양초, 에센스 오일 등 냄새를 없애는 것들을 꾸준히 사용한다. 고양이 응가 냄새도 없애주고 음식 냄새도 줄여주는 제품들은 다 좋다. 이 향초는 벌레나 모기를 쫓는 데 효과가 있다고 해서(실제로 얼마나 쫓았는지는 잘 모르겠다) 마당에서 썼다. 병이 울퉁불퉁 특이해 여름에 다 썼는데도 여태 뒀는데, 바닥에 붙은 양초 찌꺼기들을 보니 청소고 뭐고 일단 버리자.

11.27

몰스킨 다이어리, 안 쓴 나머지 빈 페이지들

지금까지 절반 정도 썼고 앞으로 절반이 더 남아 있다. 전에 쓰던 몰스킨은 스케치북 형태에 크기도 두 배나 더 컸는데 이건 작고 얇은 종이가 두껍게 제본되어 있어 불편해도 너무 불편하다. 그동안 안 쓰던 다이어리라 '1일1폐'에 동참시키는 마음으로 쓰기 시작했는데 날이 추워지니 손가락이 다 저릿저릿하다. 세어보니 딱 오십이 일 동안 이 다이어리에 쓰고 그랬다. 고생 많았다, 내 손가락들아. 새 노트를 찾고 나머지 빈 페이지들은 버리자.

11. 28

초록색 카디건

오 년 전, 봄에 막 돋아난 새싹에게서나 볼 수 있는 선명하고 화사한 초록색에 반해 한눈에 사게 된 XS 사이즈의 스웨터. 딸이 작을 때 입혔는데 이제 우리 집에는 더 이상 아무도 이 옷에 맞는 사람이 없다. 다른 사람들은 안 입는 옷들을 다 어떤 방식으로 버리는지 궁금해진다.

11.29

스콧 피츠제럴드의 『위대한 개츠비』와 함께 딸려 온 사은품 에코백

바즈 루어만 감독의 영화 〈위대한 개츠비〉를 보고 딸이 책으로 읽고 싶다기에 한 권 더 샀다. 『위대한 개츠비』가 분명 우리 집 어딘가에 꽂혀 있을 텐데 도저히 못 찾겠다. 책들이 이중으로 꽂혀 있는 터라 정작 필요할 때 못 찾는 책들이 점점 늘고 있다. 늘 주장하지만, 못 찾으면 없는 것과 같다. 책도 정리해야 하는데 그 생각만 하면 괴로워진다. 얼마 전 딸은 우디 앨런의 영화 〈미드나잇 인 파리〉를 보고 피츠제럴드에 대한 관심이 더 많아졌다. 나와 취향이 점점 비슷해지는 딸이 있다는 건 행복하고 기분 좋은 일이다.

11.30

미피 전자손목시계

딕부르너 할아버지 그림 중 가장 유명한 캐릭터가 미피다. 예전에 친구가 미피 회사에서 일한 덕분에 미피 용품들을 싸게 구입할 수 있었다. 직원가로 딕부르너의 판화도 구매할 정도로 우리 가족 모두 그의 그림을 좋아했다. 자를 대지 않고도 자로 그린 듯 반듯한 선, 그래서 떨리는 선의 그 미묘한 느낌이 너무나 인간적이고 섬세하며 따뜻하다. 여전히 딕부르너의 그림을 좋아하지만 이제 딸은 미피보다는 키티다.

12_x1 - 12_x31

노력
버릴 것과 버리지 말아야 할 것
사이에서

Jai guru de va om. Nothing gonna change my world.
선각자여, 진정한 깨달음을 주소서. 아무도 내 세상을 바꿀 수는 없어요.

비틀즈의 〈Across the universe〉 후렴구가 귀에서 맴돈다. 내 세상을 바꾸기 위해서는 스스로 깨달아야 한다는 뜻일 것이다. 이 구절이 내 귀에 자꾸 들려오는 것은 나와 나를 둘러싼 세상을 바꿀 만한 깨달음을 내가 원하기 때문일까? 한 해가 저물려니 이런저런 생각들이 많아진다. 내가 진정 좋아하는 일, 내가 꿈꾸는 인생, 내가 원하는 삶의 방식을 구체적으로 그려본다. 행복하게 잘살고 싶다, 는 너무 추상적인 문장이다.

날마다 하나씩 버리는 1일1폐 프로젝트를 시작한 것은 그 첫걸음이다. 작고 보잘것없는 결심이지만 내가 실천할 수 있는 일부터 좋은 습관으로 만들고 싶었다.

1일1폐를 위해서는 먼저 버릴 것과 버리지 말아야 할 것을 잘 분류해야 한다. 눈에 보이는 것들부터 눈에 보이지 않는 것들까지 버릴 것을 잘 버려야 한다. 하지만 버리지 말아야 할 것까지 버리는 일이 일어나서는 안 된다. 버리고 싶은데도 좀처럼 버려지지 않는 것, 버려서는 안 되는데도 어느새 슬그머니 버리고 마는 것이 넘치게 만드는 세상이기 때문이다. 그 사이에서 헷갈리지 않도록 선명한 시야로 끊임없이 노력해야 한다.

12.1

멕시코 칸쿤에서 구입한 구슬 목걸이

상의를 몸에 딱 붙게 입었을 때는 목걸이도 이렇게 목둘레에 딱 맞는 것을 좋아했다. 개 목걸이처럼 목을 조이는 느낌, 어딘지 좀 불편해 보이는 느낌이 내 목을 더 길고 가늘어 보이게 해줄 것 같았다. 스모키 화장까지 곁들이면 환상의 궁합을 자랑하던 목걸이. 올여름, 지금은 어떨까 하고 한번 걸어봤는데 목걸이와 내 얼굴이 드레스를 입고 야구 모자를 쓴 것처럼 안 어울렸다. 나이는 어쩔 수 없다. 이래서 할머니가 되면 다들 비슷비슷한 차림이구나. 조만간 파마도 해야겠다. 요즘 머리숱이 너무 없어 보인다. 나이가 든다는 건 이런 것일까? 받아들여야 하는데 자꾸만 회피하고 싶다.

12.2

동생이 베이징에서 사다 준 유리 모래시계

베이징에서 사는 동생은 자주 내게 선물을 한다. 주로 마셔서 없어지는 술이나 차를 가져다주는데 가끔 특이한 물건들도 선물한다. 상아로 만든 함, 소라 껍데기로 만든 장식품, 잘 모르는 미술 용품 혹은 마술 용품 등. 유리 모래시계도 그중 하나다. 나와는 취향이 달라서 내가 절대 살 것 같지 않은 물건들만 고른다. 심지어 모래시계 밑바닥에는 동생 이름까지 새겨져 있잖아. 반신욕이나 게임(체스나 루미큐브)을 할 때 꽤 유용하게 쓰일 것도 같지만 일일이 시간을 재기에는 우리가 너무나 헐렁한 인간들이다.

12. 3 - 12. 4

지난해에 선물받은 크리스마스 컵
(한 개 더 있는데 내일 꼭 찾아서 버려야지!)
찾았다. 어제 컵과 같이 받은 또 하나의 크리스마스 컵

고양이 친구이자 동화작가 선배인 영경 언니가 이사한다. 언니가 연희동을 떠나기 전, 이번 주 금요일에 동네 친구들끼리 안 쓰는 물건들을 나누는 파티를 하기로 했다. 그때 다 들고 나가야지. 그날 엉뚱한 물건들이나 우리 집에 들이지 말기를 빌고 또 빌어본다. 연말 분위기가 참 꿀꿀하다. 날은 춥고, 나라는 어지럽고, 경제는 최악이고, 수정 원고만 잔뜩 들어오고. 뭔가 갑갑한 십이월이 가고 있다. 요즘은 떠나고 싶다. 우리는 둘 다 집에서 일할 수 있으니 다른 곳에서 다르게 생활해 보고 싶다. 곧 크리스마스가 지나가고 새해가 오면 좀 달라질까? 나 먼저 스스로 재미난 일을 구상해 봐야겠다. 힘내자, 힘!

12. 5

엄마랑 동대문 쇼핑을 하다가 산 가죽 슬리퍼

언젠가 다시 굽 높은 신발이 신고 싶어질까?

12. 6

게이또 티포트 세트

오늘 파티에 가져가려고 식기장을 뒤져서 티포트 세트를 하나 더 찾아냈다. 손님이 왔을 때 이따금 내놓곤 했는데, 그때마다 내가 이렇게 여리고 예쁜 다기를 좋아한다고 생각하는 손님들 때문에 늘 '선물'임을 강조하곤 했다. 나는 투박하고 손맛이 많이 느껴지는 비정형 그릇들이 훨씬 좋다.

12. 7

면 트렌치 반코트

겨울 바자회에 가져갈 옷들을 추려내는 중이다.

12.8

홍대 앞을 걷다가 산 빈티지 패딩 점퍼

이 옷은 안 입은 지 벌써 육 년이 넘었다. 그런데도 이 옷만 보면 생각나는 친구 때문에 버리지 못했다. 지금은 그 친구와 애매한 관계라서 더더욱 그랬다. 이 옷마저 버리면 그 친구와의 모든 관계도 사라질까 봐. 관계라는 건 참 묘하다. 해를 넘길수록 친해지는 관계가 있듯이 시간이 지날수록 힘들어지는 관계도 있고, 그저 그런데도 편한 관계가 있는 반면 자주 마주쳐도 불편한 관계가 있다. 한때 모든 걸 나눴던 친구였다. 이 옷을 입은 나를 좋아해 주고, 같이 술을 마시면서 웃고 울었던 친구…… 그런 친구가 없어진다는 건 내 과거도 다 사라지는 것만 같아 관계가 틀어질 때마다 붙잡고 아등바등했다. 이제 친구와 나 사이에는 넓은 강이 흐르는 기분이다. 사는 데 급급해 신경 쓰지 않고 배려하지 않았던 내가 있었다. 이 옷과 함께 친구를 내려놓아야 할 시간인 모양이다.

12.9

꽤 예전부터 가지고 있던 은 브로치

가끔 이렇게 정말 알 수 없는 물건들이 튀어나온다. 크기도 작아 서랍으로 다시 들어가고 마는 물건들 말이다. 이 브로치를 엄마가 준 건 어렴풋이 기억나지만 엄마네 집에서 왜 가져왔는지 도무지 기억나지 않는다. 이런 물건들을 볼 때마다 세상에 있는 다양한 물건들의 존재에 놀라게 된다. 나는 사지 않겠지만, 누군가는 멋지다고 생각하며 만들었을 테고, 또 누군가도 그렇게 생각하며 돈을 주고 샀을 테니까. 그래서 세상이 제각각 다른 거겠지. 취향이나 취미가 비슷한 사람들과 만난다는 건 축복이구나.

12. 10

신식공작실 목걸이

빨간 구슬 사이사이에 유리 공예 구슬 같은 노란 꽃 구슬이 귀엽게 반짝이는 목걸이다. 지금은 없어졌지만 신식공작실에서 만들어내는 물건들을 전부 다 좋아했다. 지하실 어딘가에 잘 보관해 둔 이십 년 전 그들의 작품을 갑자기 찾아보고 싶어지는 밤이다. 매일 버릴 물건들을 찾으면서 내 물건들에는 이런저런 사연들이 참 많다는 것을 알았다. 무슨 이야기 하나라도 가지고 내게 말을 거는 물건들은 몇 번씩 들었다 놓았다를 반복하게 된다. 아, 내가 이토록 끈적이는 사람이었던가? 눈이 왔다. 집 안에서 오리털 패딩을 입고 어그 부츠까지 신으며 생활하는 계절이다. 택배 아저씨들이 집 안에서 나오는 내 옷차림을 보고 깜짝깜짝 놀란다. 창피해 벨 소리가 나면 오히려 패딩과 부츠를 벗기 바쁘다. 주택의 슬픈 겨울이 시작됐다.

12. 11

고양이 뒷모습 머리핀

딸 생일이다. 딸의 생일을 축하하러 시부모님이 출동하셨다. 그분들에게는 딸이 세상에 하나밖에 없는 손녀다. 딸은 그게 부담스러울까? 좋을까, 싫을까? 딸이 이 세상에서 지낸 지 벌써 십육 년이나 되었다니, 많이 컸다! 생일 축하한다.

12.12

삼 년 동안 애용한 가죽 장갑

가죽 장갑보다 털장갑을 훨씬 좋아하지만, 이 가죽 장갑은 제법 편한 데다가 내 손이 유난히 길고 예뻐 보이게 해줬고, 앞으로 내 손으로는 가죽 제품을 사지 않겠다고 결심했던 차에 엄마가 우연히 선물해 줘서 더욱 애틋했다. 지난해 겨울에 감쪽같이 오른짝이 사라진 이후 왼짝만 보관해 왔는데, 물건들을 버리면서 이렇게 집 안을 정리하는데도 오른짝이 나오지 않는다는 건 완전히 없어졌다는 것이다. 엄청난 눈이 내리니까 참을 수 없이 파마가 하고 싶어져 급히 뛰쳐나갔다(머리를 다시 기르고 싶어졌는데 파마가 숏커트 욕구를 막아주지 않을까 어제부터 생각하고 있었다). 여러 시간 만에 만족스러운 파마머리로 돌아와 남편에게 보여주니, "너…… 이렇게 자다가 일어난 머리를 돈 주고 한 거야?" 아, 왜 이러세요, 남편!

12 x 13

저지 천의 보라색 꽃무늬 치마

해마다 여름부터 가을까지 자주 입었던 치마다. 저지 천이라 광택이 살짝 돌아서인지 늘 새 옷 같은 느낌이다. 그런데 어째선지 지난해부터는 멋진 꽃무늬가 강압적으로 느껴져 부담스럽다. 올해도 그 화려함이 도를 넘는 것 같아 못 입었다. 이제 내 옷이 아닌 것이다. 한때는 빈티지 저지 원피스, 커다란 꽃무늬, 반짝이는 천들을 좋아했는데 요새 나는 평범한 옷만 입는다. 나이가 들어도 옷은 내 방식대로 입을 줄 알았는데 나한테 좀 실망스럽다.

12.14

계란 모양 킨더 초콜릿 안에 들어 있던 조립식 장난감

아테네 노천 시장에서 산 나무 장식장 안에서 한 칸을 버젓이 차지했지만 다른 장난감들과 너무 안 어울려 웃음이 나온다. 빼주자. 으악! 방금 남편의 비명. 몇 시간 동안 작업한 파일이 갑자기 깨져서 열리지 않는다고 소리 지른다. 아까 낮부터 하루 종일 컴퓨터 앞에 앉아 포토샵으로 계속 색칠하고 있었는데 그게 전부 허사가 된 모양이다. 도무지 믿을 수 없는 컴퓨터. 이렇게 당하고도 다시 의존해야 하다니. 컴퓨터로 일하는 시스템을 너무나 버리고 싶은데, 나와 남편의 직업은 컴퓨터가 없으면 제대로 일할 수 없다. 컴퓨터에 지배당하고 있는 우리, 슬퍼진다.

12.15

마스다 미리의 책 세 권을 동시에 사고 받은 에코백

이 에코백이 가지고 싶어서 마스다 미리의 『지금 이대로 괜찮은 걸까?』, 『아무래도 싫은 사람』, 『수짱의 연애』를 한꺼번에 샀다. 만화에는 두 종류가 있다. 스토리에 빠져서 책장을 막 넘기게 되는 만화와, 나를 자꾸 되돌아보며 내 만화를 그리고 싶게 하는 만화. 마스다 미리의 만화는 소소한 일상의 잔잔함이 덤덤하지만 세밀하게 표현되어 나도 나만의 만화를 그려보고 싶어지게 한다. 그리고 여자라서 행복하다고 느껴지게 만든다. 에코백에 대해 말하자면, 그림은 너무 예쁜데 아래쪽 글자들이 마음에 들지 않았다. 책 세 권의 모든 제목과 출판사 이름까지 다 다른 폰트로 쓰여 있는 게 싫었다. 그 글자들만 없으면 천년만년 들 수 있을 것 같아 화이트로 지웠더니 에코백에 대한 애정도 같이 사라졌다. 마스다 미리의 또 다른 책을 기다릴 뿐이다.

12. 16

목걸이로도 팔찌로도 잘 썼던 구슬 목걸이

구슬 목걸이들을 하나 둘 치우면서 어쩐지 내가 속까지 나이 들고 있는 게 아닌가, 생각하게 된다. 겉은 어쩔 수 없이 나이 들어도 속은 늘 젊음을 간직할 줄 알았는데. 하긴 이렇게 뭔가를 하루에 하나씩 버리겠다는 마음이 이미 젊음과는 거리가 멀다. 뭔가를 치우고 버리고 내려놓는 일. 어릴 적에는 하지 못했던 일들이다. 그때는 괴로운 일도, 견딜 수 없는 날도 왜 그리 많았는지. 그때 고민으로 들끓었던 마음보다는 지금의 평온한 마음이 더 좋다. 삶은 이런 식으로 항해를 계속해 나간다. 이제 막 올린 돛에 바람이 불어드는 기분이다.

12.17

교복 느낌이 나는 회색 개더스커트

예전에 딸과 백화점을 기웃대다가 단정한 라인이 예뻐서 샀던 치마다. 딸이 중학생이 되니 교복 치마를 뺏어 입은 것 같아 민망해서 못 입겠다. 그때 나는 어려지고 싶었나 보다. 한 해가 지나가려 하니 여러 생각들이 꼬리에 꼬리를 문다. 지금 가지고 있는 인간관계들을 얼마나 계속 유지할 수 있을까? 내 의지와 상관없이 멀어지기도 하고 소원해지기도 하며 틀어지기도 한다. 관계에는 각각 저마다 다른 유통기한이 있나 보다.

12.18

하얀 칠부 리넨 블라우스

점심에는 요가 친구들에게 무밥을 해 먹이고(친구들에게 밥을 먹이는 일은 왜 이리 즐거울까. 친구들이 맛있게 먹는 모습만 봐도 즐거워지니 할머니가 된 것 같다), 저녁에는 출판사 송년 모임에 참석했다. 몇 년째 일 년에 한 번, 늘 이맘때만 만나는 사람들이 있다. 친하지는 않지만 어색하지도 않은 관계로 만나면 반갑지만 낯설기도 한 사람들. 내년 말에나 다시 볼 사람들과 함께 어제도 만났던 것마냥 신나게 떠들면서 마셨다. 이렇게 한 해가 또 가는구나. (아래로 내려갈수록 살짝 퍼지는 A 라인의 블라우스, 내가 입기에는 너무 귀엽다)

12. 19

도련님이 만든 원피스 (역시 귀여운 A라인이라 안 입는 원피스)

여태 버리려고 그려온 물건들이 내일이면 '달리 바자회'로 다 보내질 예정이다. 아, 그 생각만으로도 좋다. 사실 그동안 버린다며 물건들을 모아둔 가방과 보따리들이 내 방 여기저기 있어 지저분했다. 내가 버리고 있는 것들이 다른 곳에서 유용하게 쓰일 생각을 하니 설레고 떨린다. 오늘은 어제 마신 술 때문에 하루 종일 시체처럼 누워만 있었다. 마무리할 일들이 산더미인데, 올해의 마지막이라고 너무 풀어지고 있다. 이제 올해의 술은 여기서 접어주자. 일해라, 일!

12. 20

레그 워머(두 개인데 그리기 힘드니까 한 개만)

지난해 겨울에 하도 추워 온갖 종류의 워머warmer를 사들였다. 목, 팔, 다리, 머리에 온통 워머를 끼고는 따뜻하다며 신나게 그림을 그렸다. 우리 집은 겨울이면 너무나 춥다. 신체 말단 부위들이 시간이 갈수록 점점 시려진다. 신체 부위 하나하나가 제각각 극지방으로 여행을 떠난 기분이다. 정처 없이 눈을 밟고 있는 발가락, 빙하가 있는 극지방에 간 코끝, 북유럽 어딘가를 헤매는 손끝이 보인다. 그래도 뽁뽁이 비닐은 붙이고 싶지 않았다. 너무 미래적이고…… 없어 보여서. 하지만 올해는 그런 걸 따질 겨를 없이 온 창문에 뽁뽁이 비닐을 덕지덕지 붙였다. 아, 새 세상이다! 워머들이 없어도 될 만큼 따뜻하다.

12. 21

몸에 달라붙는 앙고라 숏스웨터

이 초록 스웨터를 입으면 마치 발레리나 같다고 우기며 좋아했지만 이젠 배가 보이네. 나의 우아한 중년을 위해 떠나줘야겠다. 친구 부부를 만나 조촐한 망년회를 했다. 그 부부에게도 우리 딸과 동갑내기인 딸이 있어 모두가 즐거운 모임이다. 이런저런 이야기를 하다 보면 늘 이야기의 끝은 아이의 진로로 귀결된다. 부모가 노력해서 아이를 대학에 보내야 하는 걸까? 정말 알 수 없다. 대학 이야기를 하면 늘 이 점이 마음에 들지 않는다. 아이가 공부할 수 있는 환경을 만들어줄 수는 있다. 하지만 공부를 선택하고 노력하는 것은 아이가 원해야 한다고 믿는다. 이렇게 생각하는 나는 너무 안일한 부모일까?

12. 22

인도풍 랩 롱스커트

내 옷들은 왜 낡지 않을까? 요즘은 옷이 낡아서 버리는 사람은 없나? 내 체형을 발목까지 완벽하게 감춰주는 치마라 특별한 장소에 갈 때마다 자주 입었다. 그래도 낡아가는 기색 없이 너무 멀쩡해서 계속 가지고 있으면서 이따금 꺼내 입었지만 올해는 단 한 번도 입지 않았다. 질리도록 많이 입었다.

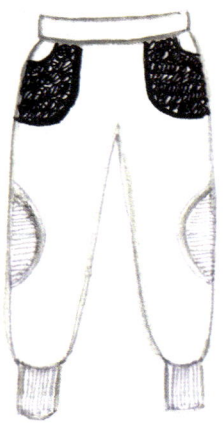

12. 23

뽀글이 털이 주머니에 달려 있는 기모 배기 바지

기모가 두툼하게 들어 있어 굉장히 따뜻한 바지지만, 빨래 건조대에서 내려 이 바지를 개다가 문득, 버려야겠다는 생각이 스친다. 이 바지를 입으면 내가 뚱뚱해 보이는데도 따뜻하니까 자꾸 입게 된다. 모양이 안 나는 바지를 단지 가지고 있다고, 편하다고, 따뜻하다고 자주 입는다는 건 왠지 세상의 눈이 다 필요 없어진 여자의 행동 같다. 곧 달리 바자회가 다가오니 날씬한 여인에게로 가라! 갑자기 호빗이 좋아진 딸과 〈반지의 제왕〉을 다시 봤다. 역시 정원사 샘이 제일 멋지다. 반지를 옮길 수는 없지만 반지를 옮기는 나리를 짊어질 수는 있다는 샘. 영리한 샘처럼 힘과 권력은 갖지 않도록 조심해야지!

12.24

발목까지 오는 니트 스커트

이 치마는 지난해에 딸과 백화점을 기웃대다가 샀다. 이 치마를 입으면 몸이 육감적으로 보이고 기모노를 입은 것처럼 종종걸음을 걸어야 한다. 불편하지만 예쁜 치마. 이 치마를 버릴까 말까 꽤 망설였지만 고양이 털이 너무 묻는다. 아무래도 안 되겠다. 카프카와 비비 털이 찍찍이 테이프로 쓸어 모은 듯이 달라붙으니 우리 집에서는 입을 수 없는 옷이다. 크리스마스이브니까 그래도 좋아하는 옷을 버리기로 했다. 아버님 생신이다. 가족이 항상 모이는 날. 모두 함께 저녁을 먹고 〈반지의 제왕〉으로 마무리했다. 어제오늘 호빗의 세계에 줄곧 빠져 있다.

12.25

재작년에 남편이 술 마시고 가져온 모자
(<반지의 제왕> '김리'가 생각나는 모자)

크리스마스라 홍대 거리를 걷고 쇼핑도 하고 초밥까지 먹고 집으로 돌아오니 짧은 여행을 한 기분이다. 요즘 저작권이 강화되어 캐럴을 마음대로 틀 수 없다고 한다. 캐럴이 거리로 흘러나오지 않으면 좀처럼 크리스마스 같지 않다. 좋아하는 캐럴이 흘러넘치고 트리의 전구가 반짝이는 우리 집이 오늘 본 중에 가장 크리스마스다운 풍경. 역시 집이 최고다. 메리 메리 크리스마스!

12.26

이효재 씨가 만든 리넨 자수 행주

어째서 예쁜 것들은 제대로 막 못 쓰게 될까? 정갈하게 놓인 수가 예뻐서 행주인데도 행주로 쓰지도 못하고 부엌에 걸어두기만 했다. 이렇게 내가 못 쓰는 동안 때만 타고 있으니 예쁜 자수 행주라도 행주답게 쓸 수 있는 누군가에게로 보내자. 드디어 달리 바자회가 열린 날, 이 행주까지 그동안 버리려고 모아둔 물건들을 모두 넘겼더니 속이 다 후련하다. 이제 다시 시작이다!

12.27

노끈과 도자기로 만들어진 행운의 부적

몇 년 동안 내 방 컴퓨터 위쪽 벽에 잘 보이지도 않게 걸려 있었다. 내 벽에는 물건들이 하도 주렁주렁 매달려 있어 이게 거기에 있었는지도 몰랐다. '그동안 몰래 숨어서 내 행운을 빌어줬을까?' 하고 살짝 고민했지만 존재 여부도 잊었던 부적은 버리자. 사실 부적이라는 걸 믿지도 않잖아. 한 해가 정말 끝나간다. 올해는 별로 아쉽지 않은지 어서 새해가 오길 바라고 있다. 이 한 해를 나름대로 보람차게 보냈기 때문일까? 1일1폐 덕분에? 여태 보내왔던 무수한 연말과는 뭔가 다르게 알찬 기분이 든다.

12.28

스와로브스키 구슬로 만든 북마크

친구가 스와로브스키 구슬을 이용해 꽤 고급스럽게 만들어준 북마크다. 캣츠 아이라는 구슬도 들어가 있어 오묘한 빛이 난다. 친구에게 미안해서 이 북마크를 버리는 게 옳은지 한참 고민했다. 하지만 나는 얇고 가벼운 북마크를 써서, 친구에게 이 북마크를 선물받은 지 오 년이 다 되어가도록 한 번도 제대로 사용하지 못했다. 나에게는 북마크로 쓰기에 요란하고 거추장스럽게 느껴지지만, 누군가는 소중하고 요긴하게 써줄 것이다. 친구의 마음만 여기에 남긴다. 오늘은 영화 〈엔더스 게임〉을 봤다. 딸과 남편은 재미있다고 호들갑인데, 나는 왜 우주만 나오면 몰입이 잘 안 될까?

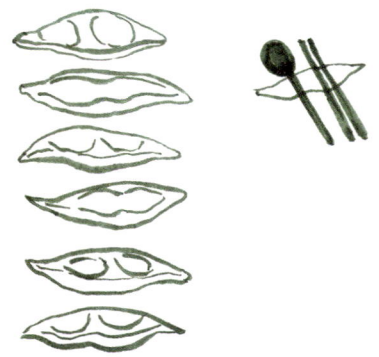

12.29

완두콩 수저받침 여섯 개

예전에 친구 공방에서 내가 만든 도자기 수저받침. 내가 원하는 대로 만들어지지 않았다. 대부분의 것들에는 헐렁한 편이지만 내게도 가끔 이상하리만치 까다롭게 구는 구석이 있다. 식탁을 차릴 때의 접시 선택 기준, 이부자리를 정리할 때의 각 맞춤같이 아무도 모르는 나만의 결벽증 말이다. 영화 〈베스트 엑조틱 메리골드 호텔The Best Exotic Marigold Hotel〉에 "지금 잘되지 않는 건 아직 그때가 오지 않았다는 증거"라는 대사가 나왔다. 그때가 오면 다 잘될 거야.

12. 30

황인숙 쌤이 준 구슬 목걸이

'쌤, 이 목걸이는 걸지 마세요! 너무 이상하잖아~' 하는 마음으로 황인숙 쌤에게서 가져온 목걸이다. 누구든 이 목걸이를 걸면 웃겨 보일걸.

12. 31. 2013년의 마지막 날

담배

그동안 몇 번이나 담배를 끊었고 곧 실패했다. 또다시 오늘, 담배를 버리면서 아예 끊고자 마음먹는다. 그동안은 담배를 제대로 버리지 못해서 못 끊었는지도 모른다. 이렇게 끊기는 처음이니까. 손끝에서 나는 아저씨 냄새도 잊고, 갑자기 나오는 할아버지 기침 소리도 잊자. 쇼핑할 때마다 흡연 장소와 재떨이를 찾는 것도 잊고, 추운 겨울날 시린 손끝으로 한 모금이라도 더 피겠다며 온몸을 떨던 느낌도 잊자. 이 순간 나는 담배를 버린다. 굿바이 담배, 굿바이 아저씨 냄새, 굿바이 2013년.

1 ₓ 1 - 1 ₓ 31

잘못된 생각과
불필요한 감정
버리고 싶은 마음의 불편한 자리

예전에 친구에게 낡고 해진 카펫을 받은 적이 있다. 카펫 무늬가 예쁘다고 칭찬하자 그녀가 바로 "그럼 너, 가져!" 하며 카펫을 싸줬다. 그러나 엉겁결에 카펫을 받아 들고 집에 오자마자 후회했다. 우리 집 식구들이 나더러 거지 같다고 놀렸고, 카펫을 깨끗하게 손질해 보려다가 귀퉁이가 찢어지기까지 했다. 결국 며칠 뒤 의류 수거함에 구겨 넣은 후 카펫에 대해 완전히 잊었다. 그런데 얼마 전 친구가 "우리는 멋진 카펫도 선뜻 내줄 수 있는 막역한 사이"라며 그날 이야기를 하는 것이다. 진땀이 났다. 어쩌면 친구는 카펫을 주고 다소 아쉬웠는지도 모르겠다. 정말로 나니까 인심을 크게 써서 카펫을 줬을지도. 나는 쓰레기를 받은 것 같아 한동안 꽤 우울했지만 말이다.

기억이란 게 원래 그렇다. 의식적이든 무의식적이든 자신이 기억하고 싶은 대로 기억을 편집하는 것! 그녀가 쓰레기를 내게 준 적이 없는데 굳이 그렇게 기억할 필요는 없다. 그녀가 선물이라고 생각했다면 이제 내 기억만 바꾸면 된다. 뭔가를 주고받는 것이 쉬운 일이 아니구나. 게다가 선물이라고 생각하며 누군가에게 물건을 내주는 것에는 보상을 받고 싶어 하는 마음이 은연중에 배어들 수 있다. 다행히도 여기에 기록된 물건들은 전부 내가 버리는 것들이니 이것들이 필요하다면 누가 어떻게 사용하든 상관없다. 바닷가에 있는 조개껍데기처럼 말이다. 대신 물건과 함께 버려지기도 하는 잘못된 생각과 불필요한 감정은 아무도 가져가지 말기를.

1. 1. 2014년의 첫 번째 날

커다란 양말 주머니(거인 양말 같다!)

딸이 1학년 때 같은 반 학부형이 선물한 크리스마스 장식이다. 키 크고 덩치 크고 목소리 크고 성격 크고…… 온통 다 컸던 여인의 커다란 선물. 그동안 크리스마스 때마다 트리에 걸곤 했지만 지난해부터는 트리 장식을 많이 줄여서 2014년에 버릴 첫 물건으로 낙점! 진짜 버린다기보다는 새 주인을 찾아갈 물건이지만. 올해도 그동안 받았지만 안 썼던 물건들, 안 쓰는데 좋은 물건들에게 새 주인을 찾아주는 한 해가 되길! 해피 뉴 이어!

1.2

딸 유치원 시절, 공동 육아 바자회에서 샀던 원피스

몸매를 더 예뻐 보이게 해주지만, 내가 원피스로 입기에는 너무 짧고 청바지 위에 긴 윗옷처럼 입기에는 너무 발랄하다. 오늘은 신생 출판사와 신생 저자를 이어준 날이다. 그 둘을 따로 알고 지내왔는데 그 둘도 잘 어울릴 것 같아 자리를 주선했다. 빙빙 돌아 작은 개울가에서 만난 비슷비슷한 크기의 조약돌처럼 비슷비슷한 가슴을 가진 사람들끼리 모여든다.

1.3

검정 울스웨터

몸에 너무 딱 맞아 뚱뚱해 보인다. 뚱뚱해 보이는 옷은 치우자. 여수에서 갑자기 친구가 놀러 와서 바자회 이후 내가 버리려고 모아놓은 물건들 중 황인숙 쌤에게서 가져온 구슬 목걸이만 빼고 몽땅 가져갔다. 이렇게 버리려고 물건을 모아두니 갑자기 들른 친구에게 마음껏 고를 수 있는 기쁨을 안기고, 나는 내 물건의 새로운 거처를 알게 된다. 재미있는 일상. 요즘 집 안을 뒤지고 또 뒤진다. 버릴 것을 찾는 일이 슬슬 어려워지지만 1일1폐 프로젝트는 최소한 일 년이 되는 그날까지 멈추지 않겠다.

1.4

몬트리올 이튼 센터 앞에서 산 에코백

이 에코백을 산 곳이 몬트리올이니 신혼여행 때였나 보다. 이튼 센터 앞에 난생처음 보는 에코백 자판기가 있었다. 신기하고 재미있어서 동전을 넣었더니 이 에코백이 나왔다. 이제 아무리 뒤져도 정말 버릴 게 별로 없다. 그동안 꾸준히 버린 덕분에 집에 남은 것들은 다 약간이라도 설레는 물건들뿐이다. 더욱 깐깐해져서 설렘의 기준을 좀 높이자. 까다로운 내가 돼야지! 담배를 버리고 나니 요즘 들어 멋이 내고 싶어진다. 오늘도 하루 종일 집에 있으면서 한껏 멋냈다. 혹시 욕구 불만인가?

1.5

스누피 티셔츠
(If you love somebody, TELL THEM!)

이대 앞 리브로 책방이 없어지기 전, 영화를 볼 때면 늘 일종의 의식처럼 같은 베트남 쌀국수집, 같은 극장, 같은 책방에 순서대로 들렀다가 집으로 돌아왔다. 이젠 극장도 바뀌고 책방도 이사해서 그 의식이 자연스레 홍대 쪽으로 바뀌었지만, 길거리 보세 옷집을 구경하던 일이며 (내가 좋아했던 보세집들이 다 없어졌다) 그 베트남 쌀국수집은 많이 그립다.

1.6

한 번도 안 입은 리본 민소매

옷을 사면 늘 비슷한 옷들을 사게 된다. 뭔가 새로운 옷을 사고 싶어 쇼핑해도 막상 내 손에 들린 건 내가 이미 가진 옷과 같은 디자인인데 색깔이나 디테일(주머니가 달렸다든지, 모자가 없다든지)만 다를 뿐이다. 그래서 모험 삼아 옷을 골랐지만 역시 못 입겠다. 갑작스러운 변화는 쉬운 게 아니구나. 담배를 버린 지 엿새째, 멍하다.

1.7

보랏빛 뿔테 안경

매일 버릴 물건을 찾아 헤매는 나를 보고, 친구들은 이제 그만 버리고 좀 쉬라며 걱정한다. 내가 너무 버리는 데 집착했나 보다. 그래도 날마다 하나씩 버리기 시작한 지 일 년이 되려면 아직 좀더 남았다. 가능하겠지? (사실 담배 때문일지도 모른다)

1.8

곰돌이 패치워크가 있는 초록 스웨터

딸에게 작아진 옷들이 내 몸에 맞는 게 제일 괴롭다. 잘 맞으니까 나한테 전혀 어울리지 않아도 쉽게 버리지 못한다. 이 옷을 딸이 입으면 너무나 사랑스럽지만 내가 입으면 머리가 살짝 이상한 아줌마처럼 보인다. 주위 친구들이 내가 버린 물건들을 하나 둘 걸치고 나타난다. 내게는 쓸모없지만 누군가에게는 유용하다는 증표니까 뿌듯하다. 그러니 이 옷도 버리자. 귀염둥이 스웨터는 귀염둥이에게로!

1.9

이대 앞에서 산 분홍 다리 선글라스

충동적으로 구매한 물건은 충동적으로 버리는 것도 가능하다. 오늘 체감 온도는 영하 18도. 미국 동부의 체감 온도는 영하 50도. 세상에, 이러다가 다 얼어버리는 것 아냐?

1.10

영웅본색 선글라스

몇 해 전 〈영웅본색〉 DVD에 같이 딸려 온 디키즈 선글라스. 이런 안경을 쓰면 인상이 달라 보인다. 내가 쓰면 성격이 좀 더러워 보이고, 남편이 쓰면 사람이 좀 나빠 보이고, 딸이 쓰면 여자가 좀 가벼워 보이네. 이런 안경이 주윤발에게는 잘 어울리다니 대단한 얼굴이구나.

1.11

벙어리장갑 같지만 손끝 뚜껑을 열면 손가락장갑

재작년 친구들과 갔던 심야 극장에 이 장갑과 짝이었던 목도리를 두고 나왔다. 다음 날 목도리를 찾으러 극장을 다시 찾았지만 목도리는 이미 없어졌다. 초콜릿색이 그리 튀지 않으면서 채도가 떨어지는 것도 아니어서 은근한 멋이 있지만, 목도리가 사라지자 장갑도 끼기 싫어졌다. 이제 내 서랍에서 꺼내주자.

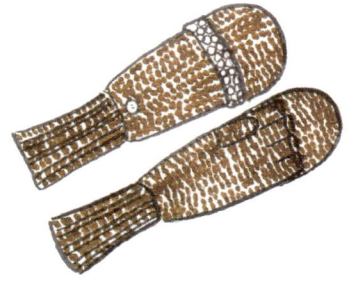

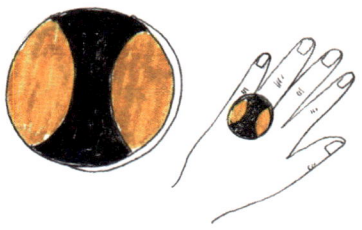

1.12

상감기법의 커다란 자개 반지

재작년, 발리처럼 아기자기한 가게가 많을 거라 기대하고 인도네시아 롬복에 갔는데, 그곳은 개발 중이어서 온통 공사 현장 투성이였다. 주로 힌두교도들이 사는 발리에는 예쁘고 장식적인 물건들이 많은 데 비해 이슬람교도들이 사는 롬복은 투박한 분위기를 풍겼다. 그곳에서 어렵게 찾은 인도네시아 특유의 정성스러운 가게에서 이 왕반지를 다섯 개나 샀다. 서울에 돌아와 친구들에게 나눠주니 시큰둥하게 반응해서 두 개는 여전히 가지고 있다. 무지갯빛이 나는 자개가 내 눈에만 예뻐 보이나?

1.13

네덜란드에서 산 중국 종이등

십칠 년 만에 페이스북을 통해 연락이 닿은 친구를 만났다. 오, 놀라운 세상! 꿈 많던 시절에 미래를 같이 고민했던 친구인데 결혼 후 연락이 끊겼다. 내가 일 년 동안 신혼여행을 다녀오니 그 친구는 결혼해 미국으로 떠나고 없었다. 십칠 년이나 못 보고 지낸 사이인데도 전혀 어색하지 않았다. 우리는 어제 만났던 것처럼 수다를 떨고 내일 만날 것처럼 헤어졌다. 다음 주면 다시 가족이 있는 미국으로 들어간다는데 우리, 다시 만날 수 있을까? 친구를 배웅하고 돌아오는 내내 그 질문이 머릿속에서 떠나지 않는다. 종이등(같은 모양이 두 개면 버리기로 했으니 그중 하나를 버린다) 말고, 친구가 내 옷에 달려 있던 남편 그림으로 만든 헝겊 배지가 예쁘다기에 그것도 기꺼이 빼줬다. 물건을 대하는 마음이 달라지는 것 같다.

1.14

작은 사과 무늬 원피스

어젯밤에 가을부터 진행해 오던 그림책을 엎고 말았다. 직업에 대한 정보 그림책이라 유난히 수정도 많고 까다로운 작업이었지만, 직업에 대해 이것저것 새롭게 알게 되어 공부를 즐기는 마음으로 그려왔다. 내용에 대한 수정은 아무리 많아도 내가 몰랐던 부분이라 밝은 표정으로 고쳐주곤 했다. 내 그림 스타일이나 선의 느낌도 몇 번 바꿔달라기에 그건 처음부터 고칠 수 없다고 못 박았다. 그런데 또다시 내 그림 자체를 바꾸길 원한다. 아무래도 내가 바빠서 그리 그린 것 같다면서. 바빠서 마감 날짜를 어길 수는 있다. 하지만 세상에 바쁘다고 자신의 원고 그림을 막 그리는 작가가 있을까? 이렇게 원피스의 사과 무늬를 그리면서 마음을 달래본다.

1.15

나의 원고들을 버린다.

이 작업은 도저히 아니라는 결론을 내렸다. 스케치 수정도 끝났고, 채색 원고 샘플도 냈고, 종이도 잘라뒀다. 이제 가장 즐거운 수채화 채색 작업만 남아 있는 상태. 힘든 일들이 겨우 끝나고 재미있는 일만 남았는데, 나는 더는 작업할 수가 없어졌다. 내 그림에 대한 신뢰를 찾아볼 수 없다. 내 그림을 좋아하지도 존중하지도 않았다. 이런 작업은 접는 게 맞다. 편집자는 오해라면서, 자기 욕심이 과했다면서 용서를 구하지만, 아니다. 스케치를 수정하는 과정에서 조금씩 그런 느낌을 받았다. 책을 만들어가면서 편집자와 작가는 사랑해야 한다고 생각한다. 이런 기분으로는 좋은 작업, 좋은 책이 나올 수 없다.

1.16

도라에몽 티슈 케이스 인형

일본 시즈오카 현으로 여행 잡지 촬영 때문에 딸은 두고 남편과 둘만 여행(공짜 여행은 하지 않기로 결심한 여행)을 떠난 적이 있었다. 일본 시골이라 딸이 좋아할 만한 물건이 별로 없어서 스태프들에게 부탁해 그 현에서 가장 큰 백화점에 갔다. 그때 도라에몽 만화로 한글을 뗀 딸은 도라에몽이라면 뭐든 좋아했다. 도라에몽 티슈 케이스도 딸 책상 위에서 한동안 휴지를 담고 있었는데 이제 좀 컸다고 안 쓴다. 도라에몽이 싫어진 게 아니라 인형이 너무 크다나. 아무튼 도라에몽을 좋아하는 친구에게 사진을 찍어 보내니 당장 달라고 야단이다. 오늘 밤에는 도라에몽 목욕이나 시켜야겠다.

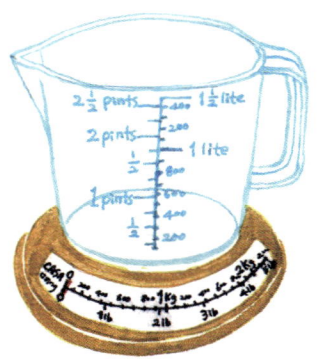

1.17

잡지 『까사리빙』 부록으로 딸려 온 계량기와 컵

계량기는 있었는데 컵이 사라져서 그동안 사용하지 못했다. 이 계량기는 저 컵을 올려야만 정확히 0을 가리키는 시스템이라 다른 컵을 올릴 수 없었다. 지난해 빵 굽는 일에 한창 열을 올릴 때 그렇게 찾아 헤맸는데도 못 찾아서 결국 새 계량기를 사고 말았다. 그런데 버릴 물건을 뒤지다가 찾아내다니 그때는 오늘처럼 열심히 뒤지지 않았나 보다. 계량기를 쓸 일이 별로 없을 것 같지만 그래도 일 년에 한두 번은 꼭 쓰게 된다. 컵까지 찾은 김에 계량기가 필요한 사람에게 보내자.

1.18

엄마에게 받은 꽃무늬 컵받침 네 개

그동안 안 뒤지던 싱크대 위쪽 수납장을 뒤져보니 부엌에서 내보낼 물건들이 좀 나온다. 구석구석 뒤져야지. 여성스러운, 너무나 여성스러운 꽃무늬 컵받침은 척 봐도 엄마 취향이다. 이런 꽃무늬 식기들은 전부 엄마가 사준 것이다. 예쁘지만 내 취향은 아니다. 부엌 물건들을 정리하면서 나는 대체 무슨 기준으로 '버리되 그림으로 남길' 물건을 정하는 걸까, 라는 생각이 들었다. 그림으로 그려놓지 않고도 그냥 버릴 수 있는 물건들이 훨씬 좋고 멀쩡해 보이잖아. 하긴 내가 버린다고 말하는 것도 내게서 떠나보낸다는 것이지, 실제로 쓰레기통에 버린다는 건 아니다. 그림은 어떤 경로로든 내게 왔던 물건에 대한 미련과 미안함을 덜기 위한 의식이다. 물건에게까지 정 주지 말자. 제발.

1.19

작은 꽃무늬 쟁반(어제의 꽃무늬 컵받침과 한 벌)

꽃무늬들을 그리다 보니…… 아, 꽃은 다 이리도 곱구나. 그러니까 꽃이지. 어젯밤에 카프카가 뒷다리를 절면서 돌아다녀 다리를 가만히 만져보니 어마어마한 비명을 질러댔다. 그래서 오늘 눈뜨자마자 동물병원으로 달려갔는데 의사 선생님 앞에서 카프카는 급격히 멀쩡해졌다. 다리를 절지도 않고 의사 선생님이 이리저리 만져도 아무런 반응이 없다. 〈유주얼 서스펙트The Usual Suspects〉의 '카이저 소제'처럼. 카프카가 안 아파서 다행이지만 화는 살짝 나더라. 저녁에는 예전 화실 언니들과, 이번에 대학에 들어간 한 언니의 딸 유나까지 함께 술을 마셨다. 햐, 이제 우리가 딸들과 같이 술을 마실 수 있게 됐구나. 얼마 전에 버리겠다던 자개 반지의 주인이 드디어 나타났다. 새 주인은 갓 대학에 입학한 유나, 멋지게 껴주세요!

1 ₓ 20

목각 컵받침 여섯 개

아이가 있는 집으로 가면 사랑받을 텐데.

1 ₓ 21

딸이 쓰던 보리스 빨대컵

부엌에서 딸이 어릴 적에 쓰던 이유식 그릇들이 우르르 나왔다. 지금 딸이 대체 몇 살인데 여태 이것들을 싸 들고 이사를 다녔다는 말인가! 몽땅 치우기로 했는데 보리스(딕부르너 할아버지의 캐릭터 보리스) 컵만은 버리지 말까 한 번 더 망설였기에 여기에 남긴다.

1 ₓ 22

유니클로에서 받은 에코백

이 에코백이 마음에 들어서 며칠 사이에 또 뭔가를 잔뜩 사고 결국 두 개를 챙겼다. 이렇게 버려질 것을 위해 왜 그렇게까지 했을까? 왜 뭔가를 가지려들 때는 나중에 버려질 수 있다는 생각을 하지 못할까?

1. 23

도련님이 초창기에 만든 티셔츠

서랍을 뒤져서 버릴 티셔츠들을 골라냈다. 그중에서 그림을 그려야 할 옷은 도련님이 꼼꼼하게 손바느질까지 한 바로 이 티셔츠. 그냥 면 티셔츠에 망사 레이스를 붙이고 색깔 단추까지 꿰매 달다니 전위적이다. 도련님이 요즘 디자인한 옷들은 꽤 얌전하던데 초창기에는 파격적인 시도를 많이 했구나. 왠지 버리기 미안하지만, 레이스가 낡아서 나달거리는 폼이 거지 같다. 조만간 결혼 소식이 있는 우리 도련님 숍으로 구경하러 가야겠다.

1.24

몇 년 전에 베트남에서 산 공단 자수 지갑

베트남 호치민 벤탄 시장 근처, 입구가 유난히 예쁜 어느 자수 공예품 가게에서 구입했다. 베트남에서는 물건이 싸고 예뻐서 나도 쓰고 선물도 하려고 뭐든 여러 개를 샀다. 여느 동남아시아 물건보다 손이 많이 간 공예품이 정성스럽기 그지없었는데 얼마 전 그곳에 다녀온 지인은 이젠 그렇지 않다고 서글프게 전한다. 그곳도 변해서 자수 공예품이 줄어들고 기성품이 더 많아졌다고 한다. 그런데 이 지갑은 예쁘긴 한데 용도가 좀 애매하다. 지갑을 펼치면 너무 커서 지폐가 돌아다닐 지경이다. 베트남 지폐가 이리 컸나?

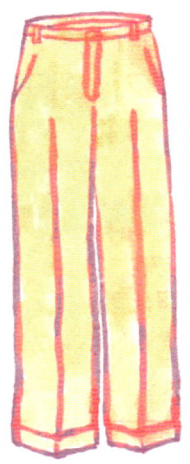

1.25

핑크빛 도는 살구색 마 통바지

딸이 유치원에 다닐 때는 우리도 아파트에서 살았다. 계단형 아파트라 한 층에 마주 보는 두 집밖에 없었는데, 앞집 언니와 친해져서 늘 대문을 열어뒀다. 아이들도 두 집을 오가며 잘 놀았다. 언니는 이웃과 친하게 지내는 건 처음이라며 나를 동생처럼 예뻐해 줬고 나도 첫인상은 차가웠지만 침착하고 얌전한 언니가 마냥 좋기만 했다. 하지만 우리가 이사한 뒤 처음에만 서운해 몇 번 만났을 뿐 점점 소원해졌고 지금은 무덤덤하다. 관계란 이런 걸까? 서로 궁합이 잘 맞아 영원히 친할 것만 같지만, 알고 보면 그냥 우연찮게 가까이 있어서 그럴 뿐인 사이. 멀어지면 끝인 사이. 앞집 언니가 구 년 전에 준 마 바지를 보니 새삼스레 언니 생각이 난다. 색이 예뻐 꼭 입어보고 싶었지만 정작 색이 너무 예뻐 도저히 입을 수 없었던 바지다.

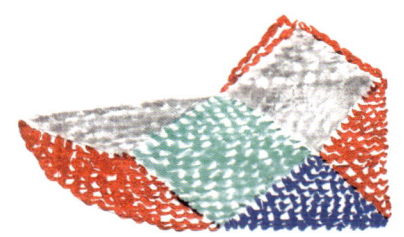

1.26

엄마가 떠준 북유럽 요정 스타일 덧신

지난해 엄마가 우리 식구에게 직접 짠 덧신을 줬다. 색도 모양도 멋진 데다가 따뜻해서 날마다 이 덧신만 신었다. 그런데 뜨거운 빨래 물에 잘못 들어가 요정이나 돌쟁이 아가밖에 신을 수 없을 정도로 작아져버렸다. 세 식구가 함께 라이언 맥길리 사진전에 다녀왔다. 오래간만에 찬바람을 맞으며 미술관을 찾아 멋진 사진을 보니 나도 그림이 그리고 싶어진다. 전시를 보면 뭔가 하고 싶어져서 좋다. 전시는 툭 건드려주고 살짝 미는 바람 같다.

1. 27

할머니 조끼

아빠 산소에 다녀왔다. 지난해에 못 가서 한 해 내내 찜찜했는데 오래간만에 아빠와 인사하니 마음이 좋다. 게다가 아빠한테 가면 할아버지, 할머니까지 다 함께 계셔서 한 번에 인사할 수 있다. 국화가 아직 안 나왔다기에 노란 수선화를 샀다. 수선화는 노지에서 월동할 수 있는 식물이라고 들었지만, '과연 그게 될까?' 싶을 정도로 의심스럽게 여리여리한 미모다. 내게는 아빠의 등산 양말이나 할머니의 자개 장처럼 아무도 가져가지 않겠다는, 죽은 이들의 물건이 좀 있다. 이 조끼는 고모가 내게 가져다줬는데, 사실 이 조끼를 입은 할머니가 잘 기억나지 않는다. 오늘은 모두에게 인사하고 돌아왔으니 할머니 조끼를 정리한다. 그래도 되겠지요, 할머니?

1.28

신혼여행 때 파리에서 구입한 하얀 꽈배기 울스웨터

신혼여행 중 파리에서 고상한 멋이 있는 이 스웨터를 보고 엄마 선물로 딱 좋겠다 싶었다. 엄마도 그때 내 앞에서는 내 선물을 좋아했다. 팔이 약간 길어 세 번 접어야 하지만 참 예쁘다고. 그 후 팔 년, 그러니까 십 년 전에 새것인 채 내게 돌아왔다. 엄마는 팔이 길어 불편한 그 스웨터를 팔 년이나 간직했다가 그제야 그냥 두기에는 아까우니 나보고 입으라며 건넨 것이다. 내가 좋아하는 스타일은 아니지만, 겨울에는 집 안도 추운 우리 집에서 요긴하게 몇 년 잘 입었다. 그리고 나서 벌써 사 년째 손이 안 간다. 요즘 옷을 정리하면서 버릴 옷들을 찾아내는 중인데 다시 입어보고는 옷장 속으로 도로 들어가는 옷이 너무 많다. 이래서는 안 되지. 안 입는 옷은 내가 주인이 아니다. 다른 주인이 기다리고 있다.

1.29

인디언 같은 알록달록 털케이프

어제오늘 몸에 두르다가 오늘 내게서 떠나보낼 물건으로 정하고 그림을 그리자니 남편이 옆에서 아쉬워한다. 하지만 옷장을 뒤져 찾아내기 전까지 이 케이프가 있는지도 잊고 있었잖아. 생전 생각도 한 번 안 했으면서 오랜만에 만나 유난히 헤어짐을 아쉬워하는 건 어째 좀 가증스럽다. 게다가 이 케이프를 주고 싶은 사람도 생겼다. 요즘은 아쉬워 못 버리던 물건들을 치우는 기분이다.

1.30

중국인이 손수 바느질해 돌배기 딸에게 선물한 중국 때때옷

옛날옛날에 딸이 태어날 무렵 내 동생이 중국인 여자친구를 사귄 적이 있다. 그 여자친구의 할머니가 직접 만들어주신 중국옷이다. 동생은 그녀와 예전에 헤어지고 지금은 다른 여자랑 결혼해 잘 먹고 잘 살고 있는지라 이 옷은 진작 버렸어야 했을지 모른다. 사실 할머니가 손바느질한 땀이 다 보여 십칠 년째 조심스레 간직해왔다. 그런 사연이 있어 친조카들에게는 물려주지 못했지만, 딸을 왕 서방으로 변신시키는 재미난 옷이다. 친구 아이에게라도 줘야지. 안녕, 왕 서방!

1.31

팔꿈치가 형광인 겨자색 스웨터

동생이 하와이로 이민을 간다며 지난해 말에 처분하는 옷을 몇 벌 가져왔는데 그중 하나다. 두세 번 입었는데 좀 작다. '옷이 작으면 내가 더 뚱뚱해 보여. 날씬한 사람에게 보내야지' 하며 불을 끄고 방에서 이 옷을 들고 나오는데, 팔꿈치에 덧댄 사각형이 야광이다. 세상에, 버릴 때 비로소 알게 되는 비밀이라니. 오늘은 1월 마지막 날이자 설날이라 낮에는 시댁에 갔다가 저녁에는 친정집 식구들과 함께 윷놀이도 하고 술도 마셨다. 내일이면 친정 식구들과 1박2일 짧은 여행을 간다. 빠짐없이 함께는 처음인데 과연 재미있을까? 걱정 반, 기대 반.

2ₓ 1 - 2ₓ 28

꿈
버릴 게 없는 삶을 꿈꾸다

어느 날 엄마가 당신의 짐을 정리하고 있다고 말했다. 엄마는 훗날 자신이 죽고 나서 자기 짐을 정리할 사람이 자신에 대해 이러쿵저러쿵 말하는 걸 두려워했다. 그래서 당신의 손으로 직접 짐을 천천히 치우는 중이라는 것이다. 눈물이 핑 돌았다.

내게는 내 물건들뿐만 아니라 죽은 사람들의 물건도 몇 가지 있다. 친구의 그림, 아빠의 등산 양말, 할머니의 자개장. 나야 워낙 못 버리는 사람이라 이런 것들을 다 가지고 있지만, 내가 죽으면 그 많은 것들을 다시 사용해 줄 사람이 있을까? 거의 다 쓰레기로 버려져 사라질 테지. 지구에서는 매일 갖가지 물건들이 엄청나게 생산되고, 그런 물건들을 포장하는 상자와 비닐들은 더 엄청나게 쓰이다가, 결국은 거대한 쓰레기로 남을 것이다. 나눠 쓰거나 재활용하는 데도 한계가 있다. 스스로 자제해 멈추지 않으면 쓰레기는 어마어마하게 불어날 게 자명하다.

『나는 무질서한 것이 좋다』에 포함된 글「쓰레기의 비극」에서 루치아노 데 크레센초는 '쓰고 버리는' 소비 현상과 쓰레기에 대해 고민하다가 한 가지 멋진 대응책을 내놓았다. 바로 쓰레기를 무기로 사용하자는 것이다. 핵무기 대신 도시 쓰레기를 사용하자고, 군인들은 수류탄 대신 오렌지 껍질로 가득 찬 쓰레기봉투를 던지자고 말이다. 아, 그런 세상이라면 얼마나 좋을까. 상상만으로도 즐겁고 유쾌하다. 물론 냄새는 고약하겠지? 내가 이렇게 세상을 바꿀 수는 없겠지만 도울 수는 있다. 쓰레기가 최대한 생기지 않도록 버릴 게 없는 삶으로!

2.1

홍대 앞 속옷 매장에서 산 팬티

친정 식구들이 총출동한 여행은 처음이다. 다들 다른 곳(심지어 나라까지)에서 사는 터라 시간 맞추는 일이 어려웠다. 북적거리고 정신없고 시끄럽고 고단해도 함께여서 좋다. 이날을 그리워하는 내가 어느 미래에 존재하겠지. 이렇게 이월을 낯선 곳에서 같이 맞이한다. 비가 내리긴 하지만 날은 따뜻하다. ……그래도 조카들이 아직 꼬맹이라 다 함께 우르르 돌아다니는 일은 역시 힘들다. 귀엽지만 힘들게 하는 조카들, 같이 있어도 예쁘지만 헤어지니까 더 예쁘네~.

2.2

샤미 랩스커트

아침부터 온천욕을 한 후 점심을 먹고 나니 다들 지쳐서 서울로 빨리 돌아가자고 야단이다. 아이들과 함께 온종일 부대끼니 피곤한 모양이다. 그냥 놀기만 했는데도 몸이 천근만근이다. 오래 목욕해도 피곤한 걸까? 아무튼 집이다. 역시 집이 최고다. 여행의 묘미는 늘 '집이 제일 좋다'는 것을 다시금 자각하게 해주는 것일지 모른다. 집에 돌아오자마자 옷장을 뒤져 찾아낸 치마. 원래 샤미 랩원피스였는데 지난해에 치마로 입고 싶어 옷수선 가게에 맡겨 랩치마로 만들었다. 하지만 그러고도 잘 입지 않으니 내 옷이 아닌 게다.

2.3

동물이 얇은 선으로 새겨져 있는 목각 함

아무런 기능도 못 하고 잘 보이지 않는 신발장 구석에서 십 년 넘게 방치되어 있었다. 유럽(프라하, 아니면 네덜란드였는데)에서 산 기억만 있고 무엇을 담아본 기억이 없다. 잘 닦아놓으니 우리 집에서처럼 천대받기에는 아직 괜찮다. 새 주인을 찾아주자. 그런데 개야, 고양이야?

2.4

하와이에서 산 어린이용 천가방

삼십 대에 나는 아무래도 좀 이상한 패션으로 다닌 모양이다. 아무리 봐도 어린이용이 분명한 이 가방을 어른인 내가 열심히 들고 다녔으니 말이다. 그때 "햐, 이런 건 어디서 사요?"라는 질문을 자주 들었다. 그때는 내가 멋져 보여서, 내 물건들을 가지고 싶어서 그런 질문을 하는 줄 알았다. 그게 아니었다. "햐, (도대체) 이런 건 어디서 사요?"였다. 어이없어서 물어보는 그들의 묵음 '도대체'가 이제야 들리다니. 진짜 어린이에게로 보내자.

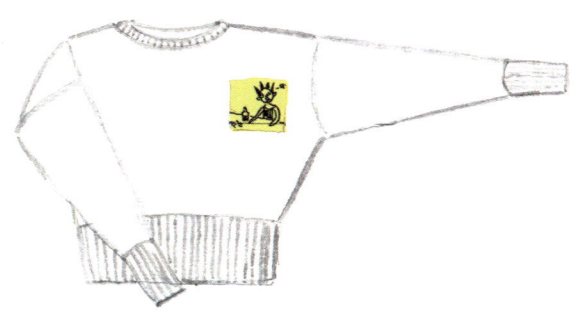

2.5

도련님이 만든 남편 『포스트잇』 그림 티셔츠

재작년 남편 전시 때 도련님이 제작한 티셔츠다. 잘 입지 않는 가오리형 맨투맨 티셔츠이지만 선택의 여지 없이 가져야만 했다. 그런데 실제로 입어보니 따뜻하고 촉감이 좋을뿐더러 옷맵시도 썩 괜찮다. 같은 티셔츠가 두 장이므로 그중에서 그림이 선명한 옷을 내보낸다. 겉모습만 보고는 사람을 알 수 없고, 그 사람을 제대로 알면 인상도 달라지듯이 옷도 그렇다. 옷이든 사람이든 뭔가를 함부로 단정하지 말아야지.

2.6

톰보이 패딩 점퍼

옷장에서 '아, 이런 옷도 있었지!' 했을 정도로 까맣게 잊었던 점퍼 주머니에서 13000원이나 나왔다. 예전부터 겨울 외투에 돈을 넣어두는 버릇이 있다. 일부러 챙겨 넣지는 않지만 주머니에 돈이 있으면 굳이 꺼내지 않고 그대로 옷걸이에 걸어둔다. 한참 나중에 발견하고 기분 좋으라고. 얼마 전에도 외투에서 크게는 25000원부터 작게는 2000원까지 나와서 혼자 흐뭇했다. 앞으로도 이렇게 돈을 남겨둬야지.

2.7

중국에서 산 양철 상자

같은 무늬의 양철 상자가 크기별로 대여섯 개 있다. 그중 이 크기는 애매해 아무 것도 안 담고 늘 비어 있었는데 조카가 액세서리를 넣어둘 함이 필요하다기에 조카에게 보내기로 했다. 딸이 중학교를 졸업했다. 이제 고등학생 학부형이 된다. 아, 나는 늙어가고 딸은 쑥쑥 크는구나. 나의 고등학교 시절, 엄마를 생각해 보니 기분이 참 묘하다. 그때 내게는 엄마가 '여자' 아닌 '아줌마'로만 보였는데, 딸에게도 내가 그렇게 보이겠지. 칠순이 넘은 엄마, 이제야 내게 다시 여자로 보이기 시작한다. 딸도 나이가 들면 나를 여자로 봐줄까?

2.8

십이 년 전에 산 프린트 접시

아무리 봐도 내 취향의 접시가 아니다. 이 접시를 내가 산 기억이 있긴 한데 사용한 기억은 없다. 그때라면 이해가 된다. 딸이 네 살 때 일도 없이 애 보기만 해야 하는 내 신세가 어찌나 처량하던지 내가 절대 안 살 것만 같은 물건을 사며 다른 사람이 되어보고 싶었다. 커피는 꼭 카페에서 마시겠다면서 커피 머신을 사는 것도 유난히 싫어했다. 그때의 방황을 이 접시가 말해 주는 듯하다. 방황은 이제 끝났으니 접시도 조용히 치우자.

2.9

코렐 초록 꽃무늬 접시

코렐 접시를 다 버린 줄 알았는데 또 이 접시가 여섯 개나 나왔다. 어머님? 아니면 엄마? 우리 집에서 코렐을 쓰지 않기로 했으니 일단 이것도 치우자. 코렐, 너는 너무 실용적이야. 사기그릇이 안 깨진다니 늙지 않는 인조인간 같아 무섭다.

2.10

지난해 친구에게 선물받은 핑크 가방

나는 아주 작은 가방이나, 지퍼가 달려 있는(워낙 뭘 흘리고 다녀서 지퍼가 없으면 마음이 불안하다) 큰 가방이 좋다. 이 가방은 예쁘지만 내가 사용하기에는 크기가 애매하다. 선물을 마음대로 버린다는 건 죄짓는 기분이 들게 하지만, 다른 누군가라도 예쁘게 쓸 수 있을 때 버리는 게 낫다. 아까워 가지고 있다 보면 낡기만 한다. 게다가 내게는 친구의 마음을 그림으로 남겨둘 마법의 페이지가 있지 않은가. 내가 실제로 가진 것보다 더 의미 있게 가질 수 있다!

2.11

황인숙 쌤이 선물한 메이드 옷

대체 황인숙 쌤은 어디서 이 옷을 사서 무슨 생각으로 내게 선물했을까? 만화를 좋아하니까 만화 같은 옷을 입으라고? 가끔 남편을 위해 깜짝 메이드 쇼를 하라고? 진짜 메이드처럼 이 옷을 입고 청소나 요리를 하라고? 황 쌤, 이 재미난 옷 덕분에 인생이 가끔 즐거웠어요!

2.12

비닐, 아크릴판, 쇠봉으로 만든 꽃병

아이디어가 반짝이는 꽃병이다. 세제나 샴푸 같은 리필용 액체가 들어 있는 비닐팩을 보고 영감을 받은 꽃병이라고 한다. 너무 신기해서 여러 종류의 비닐 꽃병을 샀다. 같은 물건을 보고도 이렇게 다른 생각을 하다니. 자신이 무엇을 보고 사는지는 중요하지 않다. 어떤 방식으로 생각하는지가 중요한 것이다. 오늘은 여태 해댔던 환경 탓, 남 탓까지 같이 버리자.

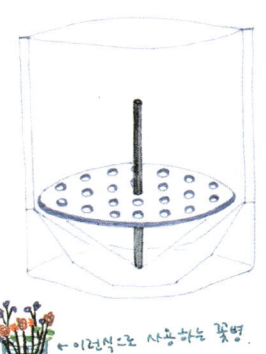

2.13

한 달 전 남편이 준 무민 가방

무민은 내가 제일 좋아하는 캐릭터다. 그래서 남편은 무민만 있으면 뭐든 다 사서 내게 안긴다. 그런 남편이 정말 고맙지만, 무민이 있으면 더 예뻐 보이는 게 사실이지만, 무민이 모든 걸 상쇄해 주는 것은 아니다. 이건 그냥 척 봐도 기저귀 가방이잖아. 여보, 무민이라고 다 좋은 건 아니에요.

2.14

샤갈 576조각 퍼즐

퍼즐 조각들이 전부 있겠지? 확인해 보고 싶지만 엄두가 안 난다.

2.15

동생이 베이징에서 사다 준 목각 빗

나는 빗질을 안 한다. 머리가 약간 곱슬인 데다 숱도 별로 없어서 손가락빗만으로 아무 문제 없이 충분하다. 빗이 예뻐서 그냥 두고만 있었는데 쓰임새 있는 물건을 썩히는 것 같다. 필립 시모어 호프먼의 급작스러운 부고 소식. 애도의 뜻으로 그가 연기한 영화 〈마지막 사중주〉를 봤다. 인생에 대해, 그리고 예술에 대해 생각해 본다. 세상에 알맞은 시간, 적정한 시기는 없다고 한다. 그래서 언제든 알맞은 시간, 적정한 시기라는 역설. 그래, 그렇구나.

2.16

재작년 혜선 언니가 술 마시다가 건네준 담배 지갑

담배를 버렸으니 담배 지갑도 버려야겠지? 이제 담배를 버린 지 31일 더하기 16일, 총 47일. 그런데도 여전히 콧물은 줄줄, 재채기에 가래까지 나온다. 기관지를 들어내고 싶다.

2.17

워커힐호텔 목욕 용품

딸이 어릴 적에 W워커힐호텔이 서울에 생겼다기에 친구네 가족과 함께 하룻밤 호텔 여행을 계획했다. 그곳의 동그랗고 빨간 침대가 신기한 만큼 편하지는 않고 돈도 좀 아까웠는데, 그때 딸이 방수 재질의 목욕용 인형을 가지고 싶어 해서 기념으로 샀다. 그 호텔 여행이 시큰둥했기 때문일까, 이 목욕용 인형에도 별 감흥이 없다. 동계올림픽을 열심히 시청하고 있는데 '컬링'이라는 종목에 빠져버렸다. 특히 컬링 공을 내려놓은 뒤 공의 방향을 맞추려고 "얍, 야야얍!" 기합을 넣으며 걸레질(?)을 하는 선수들이 너무나 귀엽다.

2.18

비즈 아트

누가 내게 선물했는지 생각나지 않는다.
공들여 더없이 화려하지만 그 용도조차 제대로 모르겠다.
한복에 다는 노리개 같기도 하고 아프리카 부적 같기도 하다.

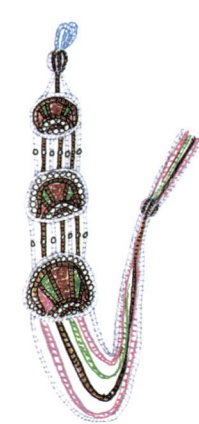

2.19

유리와 플라스틱으로 만들어진 찻주전자

부엌을 정리하다가 십 년 전의 찻주전자를 발견했다. 크기가 작아 더 큰 찻주전자를 사면서 안 쓰게 됐는데 여전히 가지고 있었다. 깨끗하게 닦아놓으니 새것이다. 차를 좋아하는 딸의 수학 선생님에게 이 찻주전자를 사진 찍어 보내니 반기신다. 오늘은 김연아 선수가 마지막 피겨스케이팅 경기를 치르는 날이다. 제발, 잘하길! 가족도 친구도, 아는 사이도 아닌 누군가를 이리 간절하게 응원하기는 처음이다. 김연아, 대단한 힘을 가진 선수구나.

2.20

소금으로 슬러시를 만들 수 있는 미키 마우스 컵

위의 작은 컵에 얼음과 소금을, 아래의 큰 컵에 음료수(콜라나 오렌지 주스 등)를 넣은 후 마구마구 흔들면 신기하게도 슬러시가 만들어진다. 이 컵으로 슬러시를 만들어 먹기는 굉장히 귀찮지만 진정한 슬로 라이프를 지향하는 사람들의 필수품이라고 할까? 딸이 어릴 적에는 슬러시가 만들어지는 시간이 오래 걸리면 걸릴수록 더 좋았다. 그만큼 딸은 계속 흔들어야 하고, 나는 그동안 쉴 수 있었으니까. 팔이 부러져라 열심히 흔들어대던 어린 딸이 생각난다.

2.21

도자기 티홀더

차를 많이 마시는 편이지만 진한 차를 좋아해서 잔에서 티백을 꺼낼 일이 없다. 너무 진해지면 물을 더 부으면 그만이다. 재작년에 동화 작업을 같이한 편집자에게 받은 티홀더인데 가만히 들여다보면서 그리자니 더 예쁘다. 그렇다면 이번에 동화 작업을 함께하는 편집자에게 선물할까?

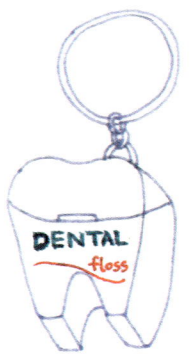

2.22

치실이 들어 있는 치아 모양 키홀더

부엌 찬장과 냉장고를 정리했다. 늘 뭔가를 사서 쟁여두는 곳들이다. 짐작하긴 했지만 50킬로그램 쓰레기가 두 봉지나 나왔다. 맛있다고 꼭꼭 숨겨놓은 과자와 사탕, 건조식품들이 유통기한을 이 년이나 넘긴 채 여전히 새것처럼 예쁘게 들어앉아 있다. 맛난 떡, 고기, 생선들이 냉동실 한구석에서 얼린 상태 그대로 말라비틀어져 있다. 이것들을 치우면서 머릿속에 떠오르는 단 한 가지 생각, "아끼다 똥 된다!" 나한테 정말 실망이다. 어제오늘, 뭔가를 붙잡고 싶어 하는 홀더들이 우리 집에서는 아무것도 붙잡지 못하고 버려지는구나.

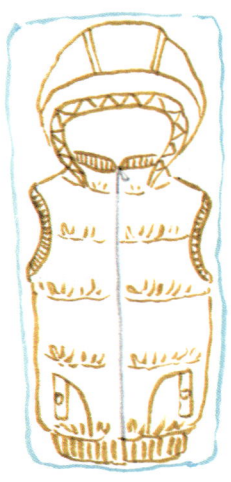

2.23

이번 겨울에 요가 선생님에게 선물받은 패딩 조끼

아직도 비닐에 쌓인 채 반짝반짝 빛나는 패딩 조끼. 어제 '아끼다 똥 되는' 경험을 뼈저리게 한 터라 내가 안 쓸 것들, 안 입을 것들은 다른 이들에게 하루빨리 넘기기로 결심했다. 조끼가 조금만 덜 빛나도 내가 잘 입을 수 있을 텐데 요가 선생님처럼 얼굴빛이 밝은 사람에게나 어울리는 옷이다. 조카가 놀러 와서 그동안 새 주인을 찾아주려고 버려놓은 상자에서 자신이 가지고 싶은 물건들을 골랐다. 그중에서 딸이 버린 수첩들을 잔뜩 짊어지고 갔는데, 올케가 왜 쓰레기를 가져왔냐고 싫어하지 않을까 걱정스러워진다.

2.24

폴프랭크 놀이 티셔츠

옆에 있는 찍찍이 소품들을 원숭이에 붙이며 놀 수 있는 티셔츠다. 딸이 초등 6학년 때 한두 번 입었는데 이제 안 입겠다고 해서 내가 입어보니 역시 민망하다. 아직 새것 같고 애매하게 내 몸에 맞지만 내가 입기에는 옷이 지나치게 귀엽다. 아, 이 옷이 어울릴 만한 동네 꼬마가 생각났다. 우리 동네 마스코트 파비! 그래, 이건 파비 옷이다.

2.25

고양이 패치워크 파우치

이 파우치를 버리고 싶지 않았다. 양말 네 개, 속옷 네 벌이 쏙 들어가는 크기라 짧은 여행을 갈 때 유용하게 쓰인다. 그런데 이 파우치를 자세히 들여다보니 고양이 이름이 '토라'다. 친구네 고양이 이름과 똑같다. 내가 주인이 아니었던 것이다. 물건에게는 주인 유효 기한이 있고, 그 기간이 지나면 다른 주인에게 가야 한다. 이 파우치의 토라는 실제 고양이 토라보다 토라를 키우는 내 친구와 더 닮았다.

2. 26

예전에 아빠가 입었던 골프 티셔츠

아빠, 옛날에는 참 날씬하셨군요. 내게도 딱 달라붙는 티셔츠를 아빠는 대체 어찌 입으셨을까? 입으면 날씬함이 강조되는 옷이라 아빠 옷인데도 내가 대학 시절에 입고 다녔고 아빠가 돌아가신 뒤에도, 딸을 낳고 나서도 몇 번 입었던 기억이 난다. 진작 버렸어야 했는데 팔과 몸통이 너무 늘어났다. 아빠 기억만 이 페이지에 남기고 이제 버려도 괜찮아.

2. 27

꽤 복잡한 나무 액자
(토끼가 있는 부분에 딸 아가 때 사진이 들어 있었다)

갑자기 걸어온 친구의 전화를 받고 홍대 앞으로 나가 술을 잔뜩 마셨다. 그림 그리는 사람들을 만나니 얼마 전 스케치를 버려야 했던 내 감정이 폭발했다. 그동안 내 일을 속속들이 알고 옆에서 같이 맞장구쳐주는 사람이 필요했던 것이다. 그렇게 토해내고 나니 뭔가 찜찜하고 속상했던 마음이 좀 시원해진다. 이제야 비로소 그 일을 완전히 잊을 수 있겠다. 오늘 버린 건 액자가 아니라 그 일이었다.

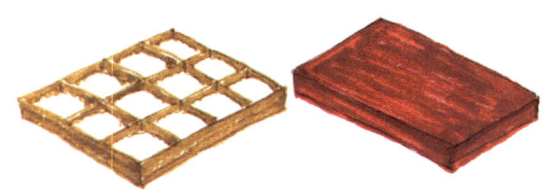

2.28

그리스에서 산 목각 동물 인형이 담겨 있던 케이스

목각 동물 인형은 내 방 구석구석에서 얌전하게 잘 지내고 있다. 이건 그냥 빈 통일 뿐이다! 그런데도 왜 이리 아까운 거지?

3x 1 - 3x 31

자유
버리고, 가볍게

사람들에게는 두 가지 부류의 물건이 있다. 지금 당장 버릴 물건과 언젠가는 버려질 물건. 누구도 죽음 너머로 물건을 가져갈 수 없다. 모든 물건이 이토록 다 부질없는데도 왜 그리 많은 물건들을 싸안고 스스로 족쇄를 채워 가고 싶은 곳에도 마음껏 못 갈까? 예전에는 아무 생각 없이 훌쩍 떠날 수 있었다. 가방에 옷가지만 쑤셔 넣고 어디든 가도 아무렇지 않았다. 하지만 지금은 도무지 자유롭지가 않다. 마당에 있는 텃밭도, 고양이들도 마음이 영 놓이지 않는다. 혹시 집에 물이 새어 내 책이 젖을까 봐 걱정스럽고 도둑이 들어 내 장난감을 몽땅 훔쳐 갈까 봐 불안하다. 도둑은 돈도 안 되는데 무겁기만 한 것을 싫어한다고 하지만 말이다.

내가 꿈꾼 삶은 이런 것이 아니다. 얼마 전에 '노마드nomad'라는 단어에 대해 새롭게 알게 된 사실이 있다. 노마드란 '유목민'을 뜻하는 말로 그 어원이 '함께 나눈다'는 의미의 그리스어라고 한다. 노마드가 바로 내 꿈의 단어라는 것을 깨달았다. 이제 새로운 세상이다. 모두 디지털로 연결되어 있고, 우리는 어디서든 일할 수 있는 환경을 가지고 있다. 특히 내 직업은 종이와 펜과 물감, 그리고 컴퓨터만 있으면 되지 않던가. 내가 꿈꾸던 유목 생활을 할 수 있는데도 내가 쌓아놓은 물건들이 내 발목에 무겁게 매달려 한 걸음도 내딛기 어렵게 만든다. 하나씩 버리다 보면 내 발목을 잡아채는 무게가 조금은 가벼워지겠지!

3.1

태국에서 산 실크 블라우스

푸켓 어느 바닷가 옷가게에서 이렇게 현란한 무늬의 옷을 두 벌이나 샀다. 하나는 친구에게 선물하고, 또 하나는 내가 입고 싶어서. 이 옷을 선물받은 친구는 한 번이라도 입었을까? 가끔 쳐다보기만 했을까? 아니면 자신은 도저히 입지 못할 옷이라 진작 다른 사람에게 넘겼을까? 어쩌면 그냥 버렸을지도 모르지. 그때는 아프리카 원주민 느낌이 나서 좋았는데 나 역시 단 한 번도 입어보지 못했다. 색과 무늬만은 참 아름답구나.

3.2

남편 그림으로 만든 유기농 면 티셔츠

남편 그림이 그려진 옷은 아무리 입지 않아도 버리기 힘들다. 어쩐지 남편 그림을 버리는 것만 같아서. 하지만 그렇게는 1일1폐를 유지하기 힘들다. 안 입지만 그동안 버리지 못했던 것들을 버려야 의미 있다. 나보다 더 잘 입어줄 사람이 분명히 있다고 믿자. 요즘 날이 따뜻해져 좋긴 한데 미세 먼지가 늘 옵션처럼 따라다닌다. 담배 피는 사람처럼 목이 따끔거린다. 그래도 오래간만에 파란 하늘이다.

3.3

중국에서 산 샐러드용 나무 숟가락과 포크

삼 년 전 베이징을 여행하면서 산 뒤 몇 번 쓰지 않고 부엌 서랍에 쑤셔 넣고는 잊었다. 우리 집 식구들이 샐러드를 많이 먹어서 자주 쓸 것 같았는데 역시 실리콘 집게가 훨씬 편하다. 보기는 나무 숟가락과 포크 쪽이 더 좋지만 성격 급한 우리에게는 어울리지 않는다. 오늘, 지난해 여름에 작업했던 텃밭 그림책 『우리 집 텃밭에 놀러 와요』가 나왔다. 봄에 맞춰 내겠다고 출간일을 겨울에서 미뤘는데, 이리 봄바람이 살랑거리는 날에 나왔다. 텃밭 그림책이 실물로 나오니 엉덩이가 더 들썩거려 책상에 앉아 있기가 힘들다. 내 텃밭을 가꿀 봄이 완연해지고 있다. 마당에 조금씩 돋아나는 초록 잎들을 보니, 마음이 싱숭생숭. 아, 봄이다!

3.4

고양이 양말 다섯 켤레

지난해 초까지 우리 집에서 가사를 도와주신 아줌마가 고양이 양말을 열 켤레 정도 가져다줬다. 어느 날 아줌마 양말이 너무 귀여워 "와, 예뻐요!" 말했더니 다음 날 친척이 양말 공장을 한다며 이리 많이 가져다주셨다. 화초를 잘 키우시고 장난감도 좋아하시던 아줌마. 우리 집도, 우리도, 고양이도 아껴주셨는데 집안 사정이 생겨 그만두셨다. 그 후 그렇게 우리 집의 모든 것을 좋아해 주는 분은 만나지 못했다. 라면을 맛있게 끓이는 법과 순두부찌개를 만드는 법도 아줌마에게 배웠다. 맛난 라면의 비법은 면과 국물을 따로 끓여 마지막에 합치는 것, 정말 쫄깃하다. 새삼, 감사합니다!

3.5

베이징에서 산 판다 도자기 인형

지난해 여름에 나온 그림책 『판다와 내 동생』을 작업하려고 베이징에서 잔뜩 데려온 판다 형제자매들. 그중에서 같은 모양의 아이들을 골라냈다. 고마워, 귀여운 판다들! 너희 덕분에 내 그림책을 만들었어.

3.6

십이각 유리 샴페인 잔 다섯 개

결혼하고 나서 처음에는 시댁에 얹혀살다가 여섯 달 후 엄마네 집 근처 단칸방으로 이사했다. 어릴 적부터 살아서 동네를 다니면 아는 어른들을 쉽게 만날 수 있는 나의 동네이기도 했다. 그때 동네 어른들이 내게 뭐든 가져다줬다. 자그맣던 꼬마가 저리 커서 결혼해 단칸방에서 신혼을 시작하는구나, 하시면서. 그게 좀 귀찮고 짜증났는데 이제 생각해 보니, 흠, 나도 뭘 마구 가져다줄 상황이네. 여기저기서 많이 얻어 먹고 얻어 썼던 그때. 이 샴페인 잔도 동네 할머니에게 선물받았다. 샴페인은 마시지도 않는데 할머니가 굳이 주시는 거라 이 잔을 난감하면서 받아 들었다. 샴페인이 담긴 적도 없이 이 잔은 잦은 이사를 겪고도 여태 우리 집에 남아 있었다(한 개는 깨먹었지만). 이젠 샴페인을 마셔줄 사람에게 가라!

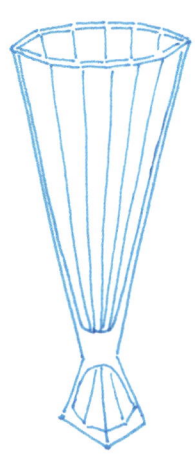

3.7

초록색과 빨간색 반짝이 구슬로 장식된 독일 와인 잔

만화가 메가쑈킹이 홍대 앞에 쫄깃바를 열면서 안 쓰는 컵과 그릇들을 기증받는다고 하기에 잘됐다 싶어서 갖가지 잔들을 정리하고 있다. 이 와인 잔은 엄마 취향의 빈티지한 잔이다. 어쩐지 그리스 주신酒神, 디오니소스가 턱을 괴고 비스듬히 누워 한 손에 들었을 것만 같은 고풍스런 멋이 있는 잔이다. 나도 좋아해 결혼 초에 엄마에게 받은 이후 십칠 년 동안 잘 썼다. 이제 쫄깃바에서 더 많은 사람들과 함께하길. 이 와인 잔을 골라내니 그냥 버려도 되는 잔들이 우르르 딸려 나온다.

3.8

에밀리 더 스트레인지 가죽 장지갑

딸이 초등학교 때 사랑해 마지않아(어느 날부터 쳐다보지도 않지만) 딸 핑계로 마구 구입했던 에밀리 제품들이 아직 남아 있다. 에밀리 가방은 재작년 벼룩시장에 기증했는데, 딸의 어린 시절을 떠올리게 해줘 이 장지갑은 그때 함께 내놓지 못했다. 여전히 새것이다. 다른 사람이 기분 좋게 쓸 수 있을 때 내놓자. 어쩌면 이 장지갑의 그림이 복잡해 그리기 싫어 이제야 버리는 건지도.

3.9

스머프 추리닝

원래 딸의 추리닝인데 안 입어서 내가 입어보니 나름대로 예쁘다. '좋아, 내가 입겠어!' 하고 며칠 입었더니 남편이 괴로워한다. 등에 파란 스머프가 반짝이까지 달고 너무 많이 붙어 있어 눈이 현란하다면서 제발 벗어달라고. 늘 집에서 함께 지내는 우리 부부. 남편의 간곡한 부탁이니까 버려줘야지. 〈노예 12년〉을 봤다. 이 영화는 보기 괴롭지만, 여러 가지를 생각하게 만든다. 정의란 무엇일까? 내 이익이나 나의 불편함 때문에 우리도 뻔히 알고 있는 나쁜 일들에 대해 모르는 척 살아온 적은 없는지 스스로 물어보게 된다.

3.10

빈 상자들

아이쿠, 맙소사! 부엌 곳곳을 뒤지니 잘 모셔둔 빈 상자들이 이리 많이 나온다. 모두 2~5년 정도는 묵은 상자들. 튼튼하고 예쁜 상자만 보면 어쩐지 꼭 쓰일 것만 같아 버릴 수가 없다. 특히 술 상자들은 더 단단해 더 버리기 힘들다. 심지어 나무 상자까지 있다. 그래도 버리자! 오늘부터 요가 지도자 과정에 도전하기로 결심했다. 무엇보다 허리 안 좋은 우리 가족의 요가 스승이 되고 싶다. 제대로 알고 가르치기 위해 한번 해보자. 요가를 수련하는 여자를 '요기니', 남자를 '요기'라 한다. 요기니가 돼야지!

3.11

<토이 스토리> 외계인 알린

한 달 전쯤 버리려고 했는데 그리려고 들여다보다가 마음이 바뀌어 책상 위에 내려놓았던 장난감이다. 일월 말에 채색 단계에서 엎어져 스케치를 버려야 했던 작업의 편집자가 혼자 찾아왔었고, 오늘은 그 편집자와 주간 편집자까지 함께 찾아와 작업을 계속해 달라고 부탁했다. 이젠 내가 다 미안해질 지경이지만 이미 스케치를 다 버렸고, 그 작업을 되살릴 힘도 없다. 그래서 지금은 다른 걸 찾을 여유가 없어 그냥 내 눈앞에 보이는 알린을 버리기로 한다.

3.12

니트와 모직이 연결된 솜 패딩 조끼

며칠 전에 오픈한 홍대 앞 쫄깃바에 잔과 그릇들을 가져다주고, 그곳에서 친구에게 바질 씨를 받기로 했다. 씨앗으로 모종을 내기가 쉽지 않던데 올해는 한번 도전해 봐야지.

3.13

2012년 지산 월드 락페스티벌 1일권

재작년에 단 한 명의 뮤지션 톰 요크를 보기 위해 딸과 도련님, 남편, 그리고 나, 우리 넷은 지산까지 달려갔다. 그의 목소리를 직
접 듣게 되다니 꿈만 같았다. 공연은 한밤의 자정이 넘어서까지 이어졌다. 공연이 끝난 후, 너무 많은 사람들이 한꺼번에 쏟아져 나와 길에는 열기가 채 식지 않은 사람들로 가득 찼다. 주차장까지 돌아가야 할 셔틀버스가 길바닥에 하염없이 서 있었다. 이 상태로는 다음 날 아침에도 셔틀버스 안에 갇혀 있어야 할 판이다. 주차장까지는 상당히 멀지만 우리는 차라리 걷기로 했다. 그 밤에 걷고 또 걸어 두 시간 만에 주차장에 도착, 그곳에서 다시 차를 운전해 새벽 5시가 다 되어서야 드디어 서울. 다리가 끊어질 것 같은데 기분도 좋고 힘이 났다. 역시 지산으로 달려 갈 만했다. 재작년 티켓을 여태 버릴 수 없었는데 그때 추억만 여기에 남긴다.

3.14

아무것도 버리지 못하고 돌아다닌 날

화이트 데이라 남편이 딸과 나를 데리고 고깃집으로 안내했다. 고기 앞에서는 늘 딸과 남편에게 미안해진다. 나는 집에서 요리하는 모든 음식에 고기를 안 넣는 편이다. 고기에 대한 편견을 버리고 싶은데 고기 냄새가 느껴지면 잘 못 먹겠다. 코가 이상하게 그쪽으로만 예민하다. 단백질을 너무 섭취하지 않아도 안 좋다는데, 가끔은 집에서도 고기 요리를 해줘야지. 왠지 화이트 데이에 고기랑 화해한 기분이다.

3. 15

'코끼리 맘보' 봉제 인형 머리끈

코끼리 맘보는 내가 좋아하는 캐릭터다. 그래서 뒤에 연결된 고무줄을 떼어내고 브로치로 만들려고 잘 빨아 말리는 중이었다. 그런데 코끼리 맘보를 들여다볼수록 내가 달고 다니기에는 너무 귀여운 게 분명하다. 나를 주책없는 아줌마로 전락시킬 것이다. 조카들에게 넘기자. 오늘의 요가 공부 주제는 욕심이었다. 욕망을 다스릴 줄 알고 욕심을 버려야 한다는 요가 경전의 말씀. 아직 멀었지만 이렇게 조금씩 요기니의 세상으로 들어간다니 설렌다.

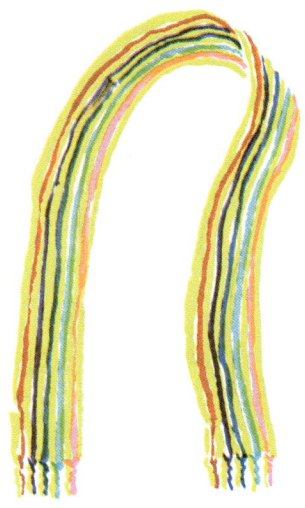

3．16

알록달록한 스카프

몇 년 전 홍대 앞에서 봄기운에 취해 색깔만 보고 샀나 보다. 어릴 적에 목이 길다는 놀림을 받았기 때문인지 나는 목을 칭칭 감는 걸 좋아하지만, 이 스카프는 한 번 얇게 쓱 걸치고 나면 끝이다. 봄. 마당을 가꿀 생각에 들뜨는 요즘이다.

3.17

끈 달린 화려한 꽃무늬 민소매

꽃무늬는 예쁘지만 장미꽃 잎사귀에 뿌려진 반짝이와 중간중간 박힌 큐빅이 거슬리는 민소매 옷이다. 한때는 반짝이가 좋았는데 이젠 옷에 반짝이가 있으면 싫다. 곰곰 생각해 보니 연희동 집으로 이사한 뒤부터 싫어졌다. 이 집과 반짝이, 무슨 연관이라도 있는 걸까?

3.18

슬리퍼 마그네틱 한 켤레(그러니까 두 개)

여행을 가면 꼭 사게 되는 게 있다. 바로 마그네틱. 우리 집 냉장고에는 수많은 마그네틱들이 빽빽이 붙어 있는데도 새로운 곳에 가면 또 새로운 마그네틱을 사게 된다. 괌에서 산 슬리퍼 마그네틱은 각기 다른 색깔로 무려 세 개나 있다. 하나만 남기고 두 개는 버리자. 여행지에서 꼭 사는 아이템들이 뭐가 있지? 마그네틱, 엽서, 지도(받는 것과 사는 것은 다르다며 꼭 지도를 사는 남편 덕분에), 그리고 즉석 사진(사진기계가 보일 때). 우리는 참 소소한 걸 좋아한다.

3. 19

투명 비닐 로봇 가방

아이들이 좋아할 만한 가방. 언젠가부터 안 쓰고 있다면 앞으로도 안 쓸 물건이다. 날마다 요가를 하니 일주일에 두 번 할 때와는 다르다. 나날이 요기니가 되어가는 기분. 몸이 가볍다.

3. 20

고양이 담요(망토로도 쓸 수 있다)

지난해 우체부 아저씨에게 드리는 작은 크리스마스 선물로 핫팩을 대량 구입했더니 귀여운 고양이 담요가 딸려 왔다. 고양이 모양이 귀여워서 자주 사용해야지 했는데 집에 널린 게 무릎 담요다. 내일 황인숙 쌤을 만나기로 했는데, 이건 딱 선생님 것이다. 집 안에서 잘 쓰이지 않는 물건을 보고 금세 생각나는 사람이 있다는 건 참 좋다.

3. 21

내 거짓

요가에 대해 배우면서 내가 얼마나 거짓된 삶을 살아왔는지 깨달았다. 거절은 물론 부탁도 잘 못하고 남을 해치기도 싫은 내가 그동안 편하게 살기 위해 무수히 한 거짓말들. 누군가 내게 부탁해 오면 거절을 잘 못하니까 거짓을 섞어 대답한다. 누군가에게 부탁도 잘하지 못하니까 교묘히 거짓을 섞어 물어본다. 누군가를 해치는 말들을 그저 묵묵히 듣고 거짓으로 맞장구친 적도 있다. 요기니로서 해서는 안 될 일이다. 사랑이 들어가는 선의의 거짓이 아닌 이상, 거짓은 이제 없다. 진실만을 이야기하자. 덕분에 오늘 힘들지만 솔직하게 한 거절, 잘했다.

3. 22

책상 아래에서 찾은 새 컴퓨터 가방

마음만 굴뚝같았고 행동으로 옮기지 못했던 마당 청소를 드디어 시작했다. 여기저기 드문드문 올라오는 새싹들이 말을 걸어왔다. 더 이상은 미룰 수 없다. 구석의 먼지들을 털어내고 정원 테이블과 의자를 닦는다. 풀들을 정리하면서 잡초를 뽑아주고 텃밭을 가꿀 흙도 갈아엎어야 한다. 자, 봄이다. 넋 놓고 있으면 이 봄은 휘리릭 지나가버릴 것이다. 요가 마스터 수업을 들으면서 장기와 뼈와 신경들의 관계에 대해 배운다. 어느 곳 하나 연결되지 않은 곳이 없고 혼자 잘난 곳도 없다. 놀라운 인체의 신비여!

3. 23

빨강 세 개, 하양 세 개, 노랑 두 개, 파랑 두 개 총 열 개의 나무집게와 노끈

내 방 어딘가에 노끈을 걸고 색색의 나무집게로 폴라로이드 사진을 예쁘게 걸어두려고 했다. 하지만 내 방은 지금도 충분히 정신없다. 이미 사진도 벽마다 여기저기 붙어 있고, 장난감이 책상 위도 모자라 책장 앞에까지 빽빽이 놓여 있어 책을 뺄 때마다 번거롭고 성가시다. 방을 더 어지럽히는 용도의 물건은 제발 없애야 한다.

3. 24

산타 모자 두 개

뭐 버릴 것 없나. 붙박이장을 뒤지다가 아직도 비닐에 싸인 산타 모자를 발견했다. 이 산타 모자는 재작년에 우체부 아저씨 선물로 샀던 핫팩에 딸려 왔다. 그러고 보니 해마다 핫팩을 많이 사면 꼭 뜻밖의 물건이 같이 온다. 누군가 올해 크리스마스에 유용하게 쓰길. 마당의 잔디를 좀 살려볼까 하고 이끼와 잡초를 정리했다. 아래쪽에 잔디가 살아 있는데 이끼와 잡초에 가려서 올라오지 못하고 있었던 것이다. 다 같이 잘 살아보자고 제초제를 뿌리지 않았더니 잡초와 이끼만 무성해졌다. 내 욕심이었다. 올해는 아예 구역을 나눠야겠다. 잡초 구역과 잔디 구역. 만나서 독이 되는 사이라면 따로 잘살게 해줘야지.

3.25

플라스틱 디즈니 인어공주
(버튼을 옆으로 밀면 인어공주가 빙글빙글 돌아간다)

세상에 태어나 최초로 접한 비극, 인어공주. 충격적인 물거품의 비극을 완전한 해피 엔딩으로 바꾼 디즈니는 석연치 않지만, 대학생 때 극장에서 처음 본 애니메이션의 신선함은 내가 어린이로 되돌아가는 것처럼 즐거웠다. 경쾌한 노래, 빨간 머리의 밝은 인어공주. 처음 느껴보는 극장 애니메이션에 감격했다. 그래도 이 인어공주의 인상은 마음에 들지 않는다.

3.26

입병에 바르는 연고

어느 여행에서 사고 나서 유통기한이 지난 지 이 년이나 넘었는데도 어쩐지 예뻐서(연고가?) 버리지 못했다. 어쩌자고 연고에 미련을…….

3. 27

지난해에 산 선크림

내 방에는 유통기한을 넘긴 물건들이 꽤 많다. 그중에서 화장품이 제일 심하다. 이 선크림은 바르면 얼굴이 허옇게 떠서 안 쓰고 있었는데 오늘 '개봉한 지 6개월 된 선크림은 버려라'는 기사까지 읽었다. 누구에게 줄 수도 없다. 아깝지만 쓰레기통으로. 지난주부터 마당 이끼를 치우기 시작했는데 이제야 끝이 보인다. 마당이 넓은 게 아니라 이끼가 너무 많다. 하루에 두 시간 넘게 꼬박 마당에서 노동한 결과 내일이면 다 치울 수 있을 것 같다. 요가로 몸을 만들어 마당에 쓰고 있다. 휑해진 마당을 보니 내 마음이 다시 요동친다. 자, 이번 봄에는 뭘 심을까나? 진분홍색 패랭이를 잔뜩 심을까?

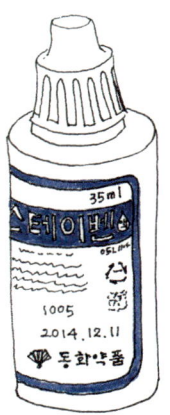

3.28

스테이벤(피부과에서 처방받은 두드러기 약)

십여 년 전부터 지난해까지 두드러기가 일 년에 한두 번씩 꼭 나타났다. 연고나 스테로이드제가 없으면 가려워서 못살 것 같았는데 재작년부터 그런 양약을 전부 끊었다. 두드러기가 점점 심해지는데 양약은 쓸수록 더 많이, 그리고 강하게 써야 나아졌다. 문제의 근원을 치료하는 게 아니라 문제가 생기면 그 문제를 그냥 덮어버리는 것 같았다. 그래서 어느 한의원을 찾아 한약을 먹으며 날마다 반신욕을 하기 시작했다. 양약 없는 처음 한두 달은 두드러기가 전보다 심하게 올라와 괴로웠다. 하지만 그 후로는 지금까지 단 한 번도 두드러기가 올라오지 않았다. 처음으로 일여 년이 넘도록 두드러기 없는 생활을 하고 있으니 이젠 이 약을 버려도 되겠지?

3. 29

카스피 해 유산균

친구에게 받은 유산균을 살려야 한다는 강박에 요구르트를 먹지도 않으면서 만들고 또 만들고 있다. 됐다, 이제 그만 만들자. 요즘에서야 진짜 뭔가를 버리는 기분이다. 양말을 다 버린 후부터는 '버린다'고는 했지만, 대부분의 물건들이 누구에게라도 '줄' 것이었다. 안 쓰는 물건들을 골라내 새 주인을 찾아주는 재활용센터 분위기라고 할까? 이리 많은 쓰레기를 쌓아두고서 말이다. 여봐요, 진짜 쓰레기들부터 버리자구요!

3. 30

고양이 헤어볼 젤

털 뭉치를 토하는 카프카에게 먹이려고 샀는데 잘 먹으려들지 않아서 유통기한을 훌쩍 넘겨버렸다(삼 년도 넘은 약인데 유통기한이 따로 쓰여 있지 않아도 이미 지났겠지?). 그때 바로 고양이를 키우는 누구에게라도 줬으면 좋았을 것을. 친구들과 함께 몇 달 전에 불광동으로 이사한 영경 언니를 만나 서오릉 꽃시장까지 다녀왔다. 패랭이도 사고, 마가렛도 사고, 차 트렁크가 모자랄 정도로 이런저런 꽃들을 샀다. 오늘 마당에 다 심긴 글렀다. 그런데 패랭이는 어쩌면 이리 예쁠까?

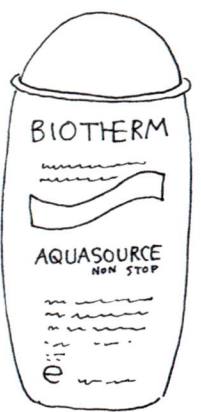

3.31

개봉한 채 일 년 이상 안 쓰는 화장품

어제 마당에 심다가 남은 꽃들을 마저 심고, 어제 같이 사고 아직 못 심었다는 민경이네 꽃까지 심어주고 돌아왔다. 꽃을 심었더니 꽃기운이 돌았는지 식구들을 끌고 동네를 산책하며 꽃구경을 했다. 곧 갈 봄이기에, 곧 질 꽃이기에 더 애틋해진다. 벚꽃과 개나리가 흐드러진 궁동산 근처를 어슬렁거렸다.

4x 1 - 4x 22

깨달음
삶은 결코 버려서는 안 되는
것들로 채워야 한다

365일 1일1폐 프로젝트의 마지막 달이다. 하루하루 버리며 산다는 일은 생각처럼 쉽지 않았다. 버리고 싶어 미칠 것 같은 물건을 쉽게 버린 날도 있었지만, 버릴 물건을 억지로 꾸역꾸역 찾아내어 어렵게 버린 날도 있었고, 아예 버릴 물건을 못 찾아 괴로운 날도 있었다. 매일 정해진 일을 꾸준히 한다는 건 대견한 인내심과 노력이 필요하다. 과연 내 생애에 1일1폐처럼 하루도 빠짐없이 뭔가를 실천했던 날들이 있었던가. 나도 어떤 일을 꾸준히 할 수 있는 사람이었구나, 다른 일도 마음먹은 대로 이렇게 해나갈 수 있겠구나 싶어져 용기가 생겼다. 대신 힘을 빼야 한다.
나는 무슨 일을 할 때마다 더 잘하고 싶고 더 멋지게 끝내고 싶어서 시작하기도 전부터 힘이 잔뜩 들어가곤 했다. 그러니 번번이 쉬이 지칠 수밖에 없었다. 일 년 동안 날마다 하나씩 버리기로 결심한 이 프로젝트에는 거창한 힘을 들이지 않았다. 그저 나를 압박해 들어오는 물건들을 내 삶에서 조금 비워보겠다는 단순한 마음뿐이었다. 이렇게 인생을 힘 빼고 즐길 수 있다면 얼마나 좋을까? 어쩌면 파도를 즐기는 원리와 같을지 모른다. 파도를 타기 위해서는 일단 몸에 들어간 힘을 빼고 파도에 몸을 맡겨야 한다. 파도를 타기 시작하면 그대로 쭉 파도를 즐길 수 있다. 하지만 다시 힘을 주는 순간 가라앉을 것이다. 이제 파도를 타는 법을 깨달았으니 바다로 나가야겠다.

4.1

역시 개봉한 지 6개월 넘긴 선크림

인터넷으로 선크림 재활용 방법을 찾아보니 이것저것 많이 나온다. 립스틱 얼룩과 스티커 자국, 그리고 싱크대 얼룩까지 말끔히 지워준다고 한다. 화장품의 기능은 버려지지만 세제로는 더 쓸 수 있겠구나. 그나저나 수분 크림을 제외하고는 화장품을 다 쓰지 못하고 버리는 게 꽤 된다. 이번 기회에 좀더 꼼꼼히 따져야지. 1일 1폐를 하면서 내가 사지 말아야 할 것들을 알게 된다.

4.2

바디숍의 마스크

반년 동안 잊고 있었다. '그래, 나도 피부 관리 좀 해보자!' 했겠지만 원래 하던 사람이 아니니 몇 번 하다가 귀찮아졌겠지. 아까워라. 날씨가 여름처럼 더워졌다. 벌써 가는 건 아니겠지? 봄?

4.3

고양이 양말 새것

이 양말은 정이 많아 늘 소소한 물건들을 챙겨서 나타나는 황인숙 쌤이 주셨을 게 분명하다. 황 쌤에게 고양이 돌보는 시간이 글 쓰는 시간보다 늘고 있는 건 아닌지 걱정스럽다. 자꾸만 늘어나는 식솔(길고양이)들 때문에 황 쌤은 만날 때마다 피곤해 보인다. 황 쌤을 생각해서라도 이 양말은 고양이를 사랑하는 사람에게 줘야겠다.

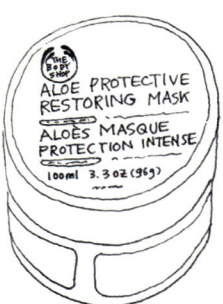

4 x 4

꽃분홍 100퍼센트 울 머플러

예전에 도련님한테 받은 기억이 나는데, 맞나? 아랫단 꽃무늬가 너무 귀여워 십 년 넘게 서랍에만 넣어두고 한 번도 두른 적이 없다. 머플러에게도, 도련님에게도 미안해진다. 누군가는 이 머플러를 예쁘게 두를 수 있을 테니 이제라도 진짜 주인을 찾아줘야지. 이제 날마다 하나씩 버리고 그것을 기록으로 남긴 지 일 년이 다 되어간다. 그것을 원고 삼아 책으로 만들기로 했으니 곧 정리해야 한다. 그래서 처음 1일 1폐를 시작한 지난해 4월 22일부터 죽 훑어보니 나날이 버리는 기술이 늘어왔다. 버려도 상관없는 유형의 물건부터 버리고 싶은 무형의 마음까지 버릴 수 있을 정도로. 뭐든 꾸준히 반복하다 보니 요령이 생기는구나. 새 기술이 생기니 좋다.

4.5

멕시코 엘하에서 산 인형 마그네틱

엘하국립공원에서 수영도 하고, 말하는 앵무새도 보고, 이구아나랑 돌고래도 봤나? 기억이 가물거린다. 멕시코에서 가장 생각나는 건 해먹이다. 그때 해먹을 두 개나 사 왔는데, 하나는 2층 베란다에 걸어두고 쓰다가 끈이 삭아버렸고, 하나는 아직 잘 간직하고 있다. 나머지 해먹도 곧 설치할 생각이다. 멕시코를 생각하면 늘 즐겁다. 어린 딸과 젊은 우리가 멋모르고 철없이 다닌 마지막 여행이니까. 그 여행을 끝으로 그리 길게, 그리 무작정 떠나본 적이 없다. 그렇게 또 배낭을 메고 정처 없이 다닐 수 있을까, 우리?

4 x 6

결혼 전 남자친구였던 현 남편에게 내가 선물한 캔 손잡이

어쩌자고 이런 걸 선물했을까? 남편도 오늘에서야 고백한다. "이제야 말하는데 이거 받고 진짜 황당했어!" 그럼 이십 년도 넘게 한 번 사용하지도, 좋아하지도 않는 물건을 싸안고 살아온 셈이다. 그때는 이게 남자가 좋아할 만한 물건이라 생각했다. 이런 걸 선물하는 쿨한 여자라는, 말도 안 되는 과시욕도 드러내고 싶었을 것이다. 남자친구를 좀 웃겨보려는 생각도 있었겠지. 그런데 오늘 맥주 캔에 이 손잡이를 처음 끼워보니, 그럭저럭 편한데?

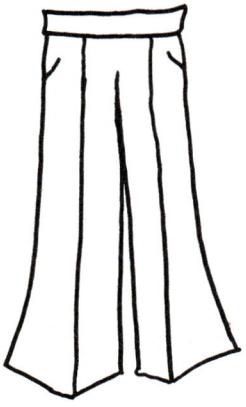

4ₓ7

검정색 벨벳 나팔바지

한때 이 나팔바지만 입으면 몸매가 좋아 보이는 착시가 일어났다. 다시 입어보니, 바지의 나팔이 심하게 팔랑거리고 너무 길어서 바닥을 청소하게 생겼다. 요즘 꽃들이 정말 예쁘다. 날이 따뜻해지니 마당에도 꽃들이 벌써 봉오리를 맺기 시작했다. 대니얼 샤모비츠의 『식물은 알고 있다』를 읽고 있는데, 식물도 다 보고 듣고 느낀다고 한다. 게다가 스스로 병을 고치고 운동을 하며 적으로부터 자신을 방어하고 보호할 줄 안다. 붙박이처럼 한곳에 한 번 뿌리를 박으면 떠날 수 없는 삶을 살아내야 하기에 모든 감각에 더 민감하고 정교하게 진화할 수밖에 없지 않았을까. 멋지고 똑똑하기까지 한 식물이라니, 역시 그럴 줄 알았다!

4 x 8

베이징 소수민족에게 산 전통 의상
(랩치마로 세탁소에서 호크만 달아서 입기 편하게 만들었다)

이 치마는 칠 년 전에 베이징 벼룩시장에 어느 소수민족이 들고 나온 치마다. 그 여인의 모든 것이 예뻤다. 이런 나더러 남편은 '소수민족 취향'이라고 놀리듯 말한다. 정말 소수민족의 전통 의상이 내 눈에만 예쁜 거야? 삼 년 이상 안 입은 옷들은 버리기로 했으니. 그래도 버리자. 하루 종일 비틀즈의 폴 매카트니 공연 티켓을 사려다가 실패했다. 오늘 사면 좀 싸게 살 수 있었는데 어쩔 수 없지. 이럴 때는 인터넷 말고 그냥 줄을 서고 싶다. 내일이라도 살 수 있겠지?

4_x9

유니클로 회색 패딩 점퍼

꼭 고구마 썩은 것 같은, 뭔지 모를 게 마당 잔디에 떨어져 있었다. 삽으로 떠서 흙 속에 묻으려다가, 아악! 물컹한 게 사체라는 느낌이 바로 왔다. 다리에 힘이 풀려 남편을 부르니, 남편도 떨면서 나무 아래 간신히 묻어줬다. "나도 이런 일은 하기 힘들어!" 고양이 새끼라 했다. 어미가 어쩌다 흘린 걸까? 고양이처럼 깔끔한 동물이 말이다. 좋은 곳으로 가렴! 그 밖에…… 유니클로 옷은 안 입은 지 이 년이 넘으면 버리기로 했다. 드디어 할아버지가 된 폴 매카트니를 볼 수 있다.

4.10

나탈리 레테의 배지

프랑스 여성 그림작가 나탈리 레테의 그림이 인쇄된 노트를 샀더니 이 배지가 같이 딸려 왔다. 아무리 그녀의 그림으로 만들어진 배지라도 어쩐지 사은품이라는 분위기를 물씬 풍겨서 정이 안 간다. "인생 따위 엿이나 먹어라"는 마루야마 겐지의 인터뷰 기사를 읽다가 비수처럼 꽂힌 말이 있다. "주변에 휘둘리지 않고 자기 이성으로 생각하는 것, 그것이 진정한 교양이자 지성이다." 요즘 주변에 알고 지내는 사람들이 늘다 보니, 서로 사이가 나빠지기도 하고 누군가에 대한 뒷말을 의도치 않게 듣기도 한다. 상대방이 말을 못 하게 막을 수 없겠지만, 그렇게 전해만 듣고서 사람을 평가하지는 말자. 내가 겪은 일이 아니라면 전해 들은 이야기에 휘둘리지 말고 나만의 이성으로 생각하자.

4.11

역시 엄마가 사준 사발 크기 머그컵

며칠 전부터 다 따로따로, 차례차례 주문했지만 어제 한꺼번에 몰려온 각종 나무와 꽃과 허브를 오늘에야 땅에 다 심었다. 어제오늘 하루 종일 마당을 파고 뭔가를 심었더니 손톱이 까맣다. 장갑을 끼고 일해도 손에 때가 끼는구나. 올해는 맥문동, 타임, 야로우 같은 새로운 아이들을 대량 구입해 심었다. 큰 나무 아래에서 해를 못 보는 음지에서도 잘 자란다는데, 제발 그 말처럼 무럭무럭 자라서 많이많이 퍼지길 바란다. 너희의 번식력을 믿을게!

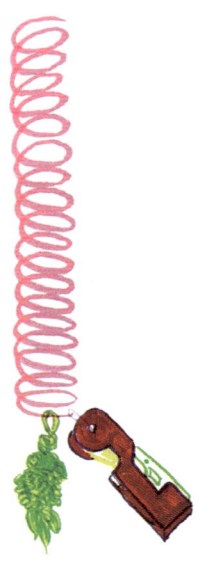

4.12

플라스틱 장난감, 이게 뭐지?

딸이 6학년 때 초등학교 앞 플라스틱 장난감 자판기에서 뽑은 장난감 세 가지. 한데 모으니 색이 조화로워 그때부터 지금까지 사 년째 내 방의 제일 좋은 위치에 대롱대롱 매달려 있다. 그날 딸과의 추억 때문일까? 몇 달 전부터 버릴지 말지 계속 고민했다. 이게 뭔지도 잘 모르면서 줄곧 망설이는 내가 웃겨서 그림으로 남기고 버리기로 결심했다. 오늘은 집 안에 있던 씨앗들을 파종했다. 쑥쑥 자라서 모종이 되거라!

4.13

고양이가 그려져 있는 나무 마그네틱

냉장고에 다닥다닥 붙어 있는 마그네틱들 중 별 감흥이 일지 않는 것은 버리기로 했다. 고양이는 참 예쁘지만, 이 마그네틱은 내가 산 게 아니다. 누구에게 받았을까? 마당에 그리 많은 식물을 심었는데 정작 내 텃밭은 비어 있다. 고추와 토마토, 그리고 많은 잎채소들을 아직 심지 못했다. 아, 봄의 마당 일에는 끝이 없다. 내일은 꼭 심어야지. 무엇보다 그동안 벼르고 벼르던 진공관 달린 턴테이블을 장만했다. 와, 제대로 듣는다는 건 이런 것이었군. 스피커 앞에서 발이 안 떨어진다. 귀도 호강을 할 수 있다니!

4.14

찰리 브라운의 여동생, 샐리 브라운이 천에 인쇄된 마그네틱

오늘로 마당에 뭔가 심는 일은 그만하기로 결심했다. 나무도 심고, 꽃도 심고, 허브도 심고, 텃밭을 채울 모종들도 다 심었다. 며칠 전 파종한 씨앗들이 곧 발아한다면(이건 주변에 나눠줘야지!) 내 마당에는 글자 그대로 발을 디딜 틈이 없을지 모른다. 사람들을 더 이상 믿을 수 없어지면 식물을 좋아하게 된다는 말이 있다. 식물에 점점 욕심내는 나도 그런 걸까? 이 마그네틱에 쓰인 "독재자는 자신이 무슨 말을 하는지 절대로 모른다Big brothers never know what they're talking about!!!!!!!"는 말이 와 닿는다. 맞는 말이야.

4.15

스누피가 천에 인쇄된 마그네틱

내 방 창가에 수경으로 재배할 풀들을 들였다. 마당 일을 접고 이제 마당에 있는 것들을 방 안으로 들인다. 봄은 왜 나를 이리 움직이게 할까? 가만둬도 좋을 것들을 옮겨 심고 기운이 뻗친다. 봄기운에는 카페인이 들어 있는 걸까?

4.16

플라스틱 저금통

오늘 아침, 말도 안 되는 사고가 일어났다. 여객선 세월호가 470명 이상을 태우고 제주도로 항해하는 도중 진도 인근에서 침몰했다. 그 배에는 수학여행을 떠난 단원고 학생들 325명도 함께 있었고, 여태 290명이 구조되지 못한 채 밤이 지나간다. 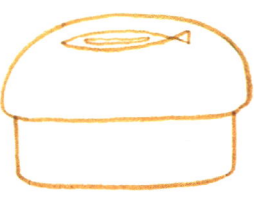 배가 바닷속으로 침몰하는 도중에도 선내에서 움직이지 말고 대기하라는 방송이 계속됐고, 그 말을 믿고서 움직이지 않은 학생들이 아직까지 배 안에서 움직이지 못하고 있다. 어떻게, 어떻게, 어떻게.

4.17

여전히 어제와 똑같이 무기력한 오늘이 지나가고 있다는 게 믿기지 않는다. 자식 같은 아이들 290명이 차디찬 바다 아래에서 구조를 기다리는데 내가 할 수 있는 일이 기도뿐이라니 미안하고 부끄럽다.

4.18

아무런 진척 없이 사흘째 밤이 지나간다. 아무 일도 손에 잡히지 않는다. 먹먹하고 무기력하다. 그들과 아무런 일면식도 없는 내가 이럴 진데, 그들의 부모와 가족들은……. 이 밤이 지나가면 모든 희망이 사라질까 봐 무섭다.

4.19

벌써 나흘째. 사고 직후와 다를 바 없는 시간들이 지나고 있다니 믿을 수 없다. 눈물도 물이 되어 그들을 흘려보낼지 모른다. 울지 말아야지.

4.20

"침착하게 제자리를 지켜라! 그게 더 안전하다!" 우리가 늘 들어오던 말을 지킨 사람들은 구조되지 못하고, 안 지킨 사람들만 구조됐다. 삐뚤어진 사회다. 지금 우리는 기울어진 배 안에 있다. 우리를 이끌어주겠다는 사람들이 제일 먼저 뛰쳐나갈 배에 타고 있다. 나라도 정신을 바짝 차리고 더 단단해져서 나 자신과 하나라도 더 많은 사람들을 스스로 구조해야 한다. 그러니 이제 내 일을 해야 한다.

4.21

비스바덴 배지

엿새째, 사망자 수만 늘고 있다. 일을 하려면 책상에 앉아야 하는데, 책상에 앉으면 자꾸 인터넷 뉴스를 뒤지고 있는 나를 발견한다. 뭔가 다른 것에 몰두하기 위해 책상 위에 있는 배지(동서에게 받은 배지. 나는 독일 비스바덴에 가본 적도 없다)를 무작정 그리고 버린다.

4.22

날마다 하나씩 버리기로 결심한, 일 년 전 바로 그날이다. 일 년 동안 꼬박꼬박 뭔가를 그리고 쓰고 버렸다. 그 마지막 날이 오면 홀가분한 마음으로 와인을 즐겁게 홀짝일 줄 알았는데, 지금 내 마음은 너무 참담하다. 세월호 침몰 사고가 일어나고 그로 인해 역겨운 실상들이 속속 드러나는 이곳에서 나는 무엇을 버려야 할까? 요즘 일어나는 사태를 지켜보노라면 사람을 구하는 방법을 열심히 고민하기보다 다들 서로의 탓만 하기 바쁜 것 같다. 심지어 수학여행까지 없앤다고 나선다. 이게 수학여행의 잘못인가? 이러다가는 바다도 없애고 하늘도 없애겠다. 또한 선장을 세월호 침몰 사고의 주된 책임자로 몰아간다. 혼자 살겠다고 탑승객을 모두 버리고 배를 꾸역꾸역 빠져나온 선장의 책임은 말할 것도 없다. 하지만 그런 선장을 만들어낸 사회, 그를 전문가로 길러내지 못한 사회, 열악한 노동환경과 비정규직 월급으로 전문가의 능력과 책임을 요구하는 사회, 어떻게든 경쟁에서 살아남아야 이기는 것이라고 주입한 사회의 잘못은 없는가? 경쟁이라는 토양에서 자란 자존심은 이기심을 낳고, 포용이라는 토양에서 자란 자존감은 이타심을 낳는다고 했다. 앞으로 내가 진짜 버려야 할 것, 꼭 지키고 가져야 할 것들을 생각해 본다. 그럼 날마다 하나씩 버리기, 계속해 볼까?

epilogue

소유욕이 없는 사람들은 얼굴부터 다르다. 독기나 욕심이 빠져 맑은 기운이 얼굴 전체에 감돈다. 나도 모르게 그런 얼굴 앞에서는 숙연해진다. 그렇게 환하고 깨끗한 얼굴을 나도 가지고 싶다고 생각하지만 쉽지 않은 일이다. 예쁜 게 더 좋고, 맛있는 걸 찾고, 생필품보다 장신구나 자잘한 이야기가 깃든 물건들을 더 좋아하는 내가 그렇게 되기 위해서는 다시 태어나야 할 것이다. 나이가 들면서 소유욕이나 물욕 같은 욕구들이 조금씩 줄어드는 것이 느껴지긴 하지만, 가끔 말도 안 되는 커다란 욕구들(궁전이 딸린 섬을 사고 싶다든지, 앙리 루소의 그림 「공놀이하는 남자들」을 가지고 싶다든지)이 치밀 때마다 "아, 나는 그런 사람은 될 수 없겠구나" 하며 좌절한다.

그래도 늘 뭔가를 사고 들이는 소비적인 삶에서, 계속 쌓아두기만 하는 비경제적 삶에서 조금이라도 벗어나고 싶었다. 날마다 하나씩 버리는 '365일 1일 1폐 프로젝트'를 떠올린 것은 그 때문이었다. 이미 포화 상태로 그득그득 쌓여 있는 내 물건들을 정리하면서 휴식을 취하고 싶었는지도 모르겠다.

시작은 어딘가 해지거나 불편해서 신지 않는 양말 한 짝을 쓰레기통에 버리는 것이었다. 그동안 양말조차 시원하게 못 버린 내가 과연 다른 무엇을 제대로 버릴 수 있을까 싶었다. 하루하루 지날수록 '양말'은 내게는 더 이상 불필요하지만 남에게는 필요할지 모르는 물건으로 이어졌다. 내 물건들을 바라보면서 나보다 더 유용하게 써줄 다른 사람들을 생각하기 시작했고, 그런 생각은 어렵지 않게 행동으로 이어졌다. 나는 '아무것도 못 버리는 여자'에서 꼭 쓰레기가 아니어도 '즐겁게 버릴 수 있는 여자'로 변했다. 새로운 경험, 진정한 리사이클이었다.

　물건을 '버리기'는 '나눔을 통한 재활용'으로 확장됐다가, 버리는 대상이 물건만이 아니라 나의 잘못된 생각과 불필요한 감정일 수도 있다는 것을 깨닫게 해줬다. 내가 고민하던 인간관계도 버려보고, 젊다고 생각하는 오만도 버려봤다. 마법 같았다. 물건처럼 눈앞에서 사라진다고 진짜 없어지는 게 아닌데도 스스륵 가라앉는 내 감정들을 봤다. 내게는 마술 같은 프로젝트였다.

　그렇게 일 년이 지나갔다. 일 년 동안 버리기만 한 것은 아니다. 아이러니하게도 나는 버리면서 더 많이 얻었다. 끊임없이 버릴 것과 버리지 말아야 할 것을 분류하면서 무엇이 내게 더 소중한지를 절감했다. 내게는 여전히 버릴 유형·무형의 것들이 한 트럭은 더 있을 것이다. 나는 아무것도 버리지 않아도 될 것들, 절대로 버려서는 안 되는 것들로만 채워진 나와 우리 집을 상상한다. 버릴 게 없는 삶을 살 수 있을까?

　마크 트웨인이 생각난다. 마크 트웨인이 배를 타고 여행을 하던 도중에 폐와 기관지가 나빠서 고통스러워하는 여인을 만났다. 그는 그 여인에게 담배를 끊어보라고 권했다. 하지만 그녀는 평생 담배를 피워본 적이 없다고 낙담했다. 그랬더니, "아, 안됐네요. 평소에 담배를 좀 피우시지. 그러다가 담배를 끊으면 그 병이 좀 나을 텐데." 역시 마크 트웨인다운 대답이다. 지금 나는 같은 의미로 즐겁다. 평소에 쌓아뒀던 욕심과 쓰레기들이 있어서, 버릴 수 있는 오늘도 있으니까. 이렇게 버리면 조금은 더 나은 내일을 기대

할 수 있을 테니까. 하나라도 더 가지는 것이 즐거운 당신이라도 문득 너무 많다고 느껴진다면 1일1폐 프로젝트가 필요한 순간이다. 버리면서 홀가분해지는 마음을, 버리면서 나눌 수 있는 기쁨을, 버리면서 알게 되는 소중함을, 그리고 덤으로 주어지는 새로운 삶을 당신과도 함께 누리고 싶다.

그래서 나는 오늘도 우리 집 구석구석을 휘휘 저으며 버릴 물건들을 탐색 중이다. 자, 오늘은 무엇을 버릴까?

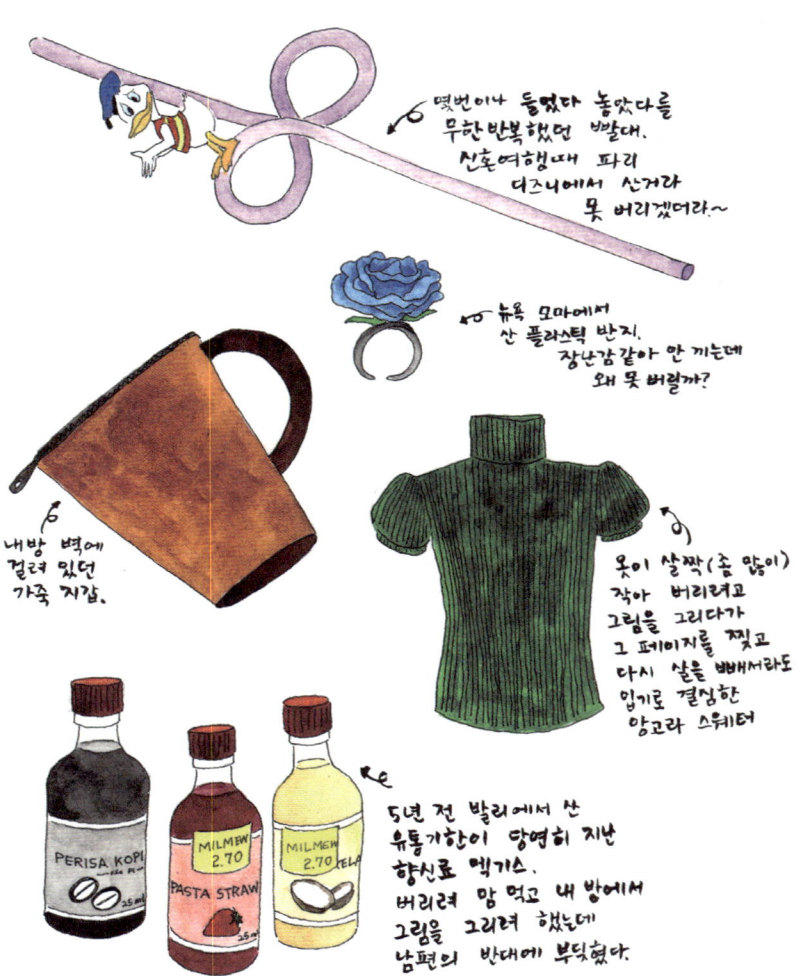

국립중앙도서관 출판시도서목록(CIP)

날마다 하나씩 버리기 / 지은이: 선현경. — 고양 : 위즈덤하우스, 2014
p. ; cm

ISBN 978-89-5913-828-9 03810 : ₩13800

수기(글)[手記]
한국 현대 문학[韓國現代文學]

818-KDC5
895.785-DDC21   CIP2014023903

날 마 다
하 나 씩
버 리 기

초판 1쇄 발행 2014년 8월 25일 **초판 3쇄 발행** 2015년 12월 10일

지은이 선현경 **펴낸이** 연준혁

출판 1분사
편집장 한수미
책임편집 정지연 **디자인** 김준영
기획분사 박경아

펴낸곳 (주)위즈덤하우스
출판등록 2000년 5월 23일 제13-1071호
주소 경기도 고양시 일산동구 정발산로 43-20 센트럴프라자 6층
전화 031)936-4000 **팩스** 031)903-3891
홈페이지 www.wisdomhouse.co.kr

값 13,800원 ⓒ 선현경, 2014
ISBN 978-89-5913-828-9 03810

* 잘못된 책은 바꿔드립니다.
* 이 책의 전부 또는 일부 내용을 재사용하려면 사전에 저작권자와
  (주)위즈덤하우스의 동의를 받아야 합니다.